"促进主动学习的英语阅读课堂教学改进行动"丛书
Action Research Series on Facilitating Active Learning in the EFL Reading Classroom

■ 丛书主编 葛炳芳

U0739106

主动学习视阈下的
英语阅读教学：理论与实践

Facilitating Active Learning in the EFL Reading Classroom:
Theory and Practice

◎ 葛炳芳 著

ZHEJIANG UNIVERSITY PRESS
浙江大学出版社
·杭州·

图书在版编目（CIP）数据

主动学习视阈下的英语阅读教学. 理论与实践 / 葛
炳芳著. —— 杭州 ：浙江大学出版社，2025. 6.（2025. 10 重印）——（"
促进主动学习的英语阅读课堂教学改进行动"丛书 / 葛
炳芳主编）. —— ISBN 978-7-308-26238-5

Ⅰ. G633.412
中国国家版本馆 CIP 数据核字第 2025G6B746 号

主动学习视阈下的英语阅读教学：理论与实践

葛炳芳 著

责任编辑 陶 杭
责任校对 董齐琪
封面设计 刘依群
出版发行 浙江大学出版社
（杭州市天目山路 148 号 邮政编码 310007）
（网址：http://www.zjupress.com）
排 版 大千时代（杭州）文化传媒有限公司
印 刷 杭州杭新印务有限公司
开 本 880mm×1230mm 1/32
印 张 4.125
字 数 117 千
版 印 次 2025 年 6 月第 1 版 2025 年 10 月第 2 次印刷
书 号 ISBN 978-7-308-26238-5
定 价 28.00 元

丛书总序
FOREWORD

  2009—2015 年浙江省高中英语教研聚焦"基于综合视野的英语阅读教学改进行动"这一主题开展了三轮研究,出版专著 15 册。该项研究强调了"内容、思维、语言"的融合,也重视阅读策略的体验式学习,其成果获得"2018 年基础教育国家级教学成果奖"一等奖。我有幸为这套专著写过三篇序。当时我的心情无比兴奋,就好比在"教材难度大""应试压力大"的阴云笼罩下看到了光芒,使我对英语教育发展增添了信心。

  根据教育部颁布的《普通高中英语课程标准(2017 年版 2020 年修订)》(简称"课标")编订的高中英语教材已经投入使用了数年。我曾亲耳听到一位资深的英语教师说,尽管教材按照课标的精神要求培养核心素养编写,实际上课堂上还是"满堂灌,忙刷题"。这多少有点令我感到心凉。然而,去冬今春我陆续收到了浙江省教育厅教研室葛炳芳老师发来的"促进主动学习的英语阅读课堂教学改进行动"丛书书稿,研究课题为"主动学习视阈下的英语阅读教学",共设六个分题:1. 理论与实践,2. 自主提问,3. 活动参与,4. 回应所学,5. 意义建构,6. 师生责任,共六册书。数十位作者都很年轻,但都热情好学、勤奋读书、联系实际、钻研教学、集体磨课，以求最大限度调动学生的主动学习积极性。这些教师虽然年轻，可站得高、望得远、钻得深、干劲足，他们的课例几乎运用了人教版高中必修和必选的阅读与思考板块的全部课文。而且任课老师不怕评判，反复打磨，直至课题组成员都感到满意为止。我拿到这套书时正值数九寒天之际，而看到他们这种顽强拼搏的精神恰似初春的阳光温暖了我这颗年迈的心，也又一次扫除了我心中的雾霾。

这套书集中反映了近几年浙江省的一线老师利用新教材在贯彻高中英语课标精神的实践中的新创举，主要在原有的"英语阅读教学综合视野"理论的基础上，进一步开展了英语阅读课堂教学中学生主动学习能力培养的实践与研究。这完全符合教育部颁发的课标中提出的为立德树人，培养语言能力、文化意识、思维品质和学习能力核心素养的要求。英语教育中的知识和能力维度得到重视，以主题意义加工为核心的课堂教学思路得到认可，英语学习活动观得到贯彻，"教—学—评"一体化的理念得到广泛认同。梳理高中英语课标，我们发现，无论是"核心素养"，还是"教学建议"中提及的实施意见，归根到底，是要求广大教师重视培养学生主动学习、自主学习的能力。学生学会学习是学校教育的根本任务。

从研究教师的教到研究学生的主动学，这是一个不小的变革。自古以来，我们的课堂上一贯是老师教学生学、老师问学生答，其实，我们的先人孔子也曾鼓励弟子"敏而好学，不耻下问""博学而笃志，切问而近思"。然而，千百年来的科举制度遗毒未尽，至今应试教育致使课堂上仍然存在花大量时间刷题以应对高考的现象，哪能让学生主动发问并发表自己的独立见解啊！要知道，我们与西方教育的不同之处在于我们的学生勤奋好学、聪明善记、尊师重教，而独立思考、发现、发问、动手实践能力逊色。这也许是近百年我国科技落后的原因之一吧。为了彻底消除教育中的弊病，随着改革开放的深入，我国的教育不仅从突出智育转变为突出素质，而且当下提出为了发展新质生产力，教育亟须深化改革：课程体系更新、教学方法创新、评价体系改革,实现教育公平,开展国际化教育,培养具备探索未知世界的自主创新精神。可喜的是,目前高考制度也在改革,减少了唯一正确答案的试题,增加了跨文化语篇、考查独立思考和语言运用能力的试题。这对课堂教学改革产生了正能量。"主动学习视阈下的英语阅读教学"课题研究就是在这样的背景下进行的。

此课题的领导者葛炳芳老师首先从理论上阐述了主动学习能力是学生学习过程中的一种策略,是学习的体验,是心理活动,也是对自身能力的认识。它能使学生将新知与已知联系起来形成新的理解,能提高学习的兴趣,并提高学习的动机和信心。培养主动学习能力就要强调学生在课堂教学中的自主提问、活动参与、回应所学和意义建构等学习活动和过程,并以师生责任平衡去调整教与学的行为。这一理论,涉及英语阅读课堂教学的方方面面。葛老师在书中引用了马瑾辰老师的生动课堂教学,验证了该书所倡导的理论。

我虽不能亲临现场观摩课堂教学,但是丛书中的教学课例让我受益颇多。首先,我了解到教师如何以情感支持和鼓励提高学生的自主提问意识,并引导他们思考文本主题、内容、语体、语篇和语言、修辞等,设置疑问,互动探讨。学生由浅度思维提升为深度思考,由"不想"到"会想"到"善提问"。这无疑是教改中的一大进步。

除了要培养学生的自主提问意识,还要围绕主题意义,结合实际设计有层次性、关联性、综合性、迁移性、有效性的活动。为了激发学生积极主动参与,在意义协商中主动建构和完善自身的知识体系,活动必须给予学生尊重感、安全感、归属感和价值感,维护其主体地位。活动设计需要师生共建、同伴分享、小组合作、多维互动。活动形式多样,如小组讨论、角色表演、观看影剧、对话演剧等,此外,还可以采用比赛和评价的形式。

回应所学不是对教学内容的简单复述,而是通过内化所学知识,以深刻且富有见解的方式进行表述。为使学生进行综合性的回应,迁移和夯实所学内容、语言和提高思维能力,要设计引人入胜的语境,如运用多模态教学模式,可视性方式(绘图、思维导图等),采访,做项目等。书中有许多生动的例子,让学生在学习过程中进行有效监控、调整、协商、建构,最终理解主题,创建实践性强并具有创新思维的活动。

意义建构的过程中学生需要独立思考,主动探索文本,与文本进行多维对话和意义协商,形成对问题的观点和见解,构建对文本内容和主题意义的理解并表达"新"的思想。阅读中运用建构主义理论要求教师给予学生无干扰阅读的时间和空间,并适时给予指导,使学生能够自行梳理细节信息,对语篇内容进行深刻理解、阐释分析、判断推理等意义加工,亲历思考、比较和体悟。

主动学习视阈下的英语阅读教学中,师生的责任有所改变,教师由讲授者转为引导者,有协商、组织、激励、营造支持性环境的责任;学生由被动接收者转为主动探索者,自主阅读、思考提问、建构新知、感悟主题意义、创新表达。确定了 RIAE① 英语自主阅读教学路径,即"激活与关联"、"释疑与建构"、"评价与批判"及"运用与表达"。此外,教学反思与改进,不仅强调教师的反思和评价,更包括学生的反馈机制,使形成性评价得到真正的落实。教师设计符合学情的教学目标有利于因材施教,教师多样化的亲切语言会令不同层次的学生产生终生难忘的情感反馈。

课题研究组运用了大量的课例来验证上述理论。我饶有兴趣地阅读这些课例时,时常为其中精彩的段落所感动,特别是看到有的学生流畅地用口语或文字表达自己的见解时,我情不自禁地拍案叫好。对于教师提供的有效支架我也在批注中加以点赞。我多么希望能看到更多类似的教师研究行动,不仅限于听读理解,还有说写表达;不仅限于阐述,也要有辩论,更多地开展项目活动以发现学生的多元智能和创新思维;不仅有课本阅读,还有更多的学生自选的泛读。我还希望学生能利用多媒体资源、在线平台进行个性化学习,并利用选修

---

① RIAE:英语自主阅读教学路径,即 Relate(激活与关联)—Interpret(释疑与建构)—Assess(评价与批判)—Express(运用与表达)。

教材以充分发挥其自身的潜力。

　　近来,浙江等地在人工智能领域取得的成就举世瞩目,这表明,具有五千多年文明史的中国人不只会追赶,而定会超越西方,为世界做出更大的贡献。我坚信浙江省的基础教研工作者在已有成就的面前不会止步,而会继续砥砺前行,创造出更多成功的经验,为建设教育强国添砖加瓦,贡献自己的力量!

刘道义

2025 年 2 月 23 日

前　　言
SERIES EDITOR'S PREFACE

　　阅读文本之器，是字词句篇之形。读者依赖字词句篇、语修逻文，解码理解，加工意义；阅读文本之道，是人文生命精神。阅读，是感知、唤醒、体悟和激发；其对象，不仅仅是言语，更是思想、情感，甚至是精神创造。阅读是一个动态的意义建构过程。英语阅读教学中，学生要成为主动的阅读者和意义加工者。从教师的角度看，就是要在设计阅读教学活动时充分关注学生的安全感、归属感、尊重感、方向感，这是扎实开展自主学习、培养学生主动学习能力的前提。

　　2009—2015年，浙江省高中英语教研牢牢抓住"阅读教学"这个"牛鼻子"，开展了三轮课题研究，出版专著15册，成果《基于综合视野的英语阅读教学改进行动》，获得"2018年基础教育国家级教学成果奖"一等奖。该成果以"文本解读"为逻辑起点，以突破"教什么"带动英语阅读教学的改进。2023年初，由我负责的"促进主动学习的英语阅读课堂教学改进行动"被立项为浙江省重点教研课题（课题编号：Z2023033）。我省的英语阅读教学研究又以"学习能力"为突破口，将显性的研究重心移到了"怎么教"：培养学生主动学习的能力。

这一研究由以下六个主题组成（括号内为各小组成员，其中第一位为组长）：

1. 主动学习视阈下的英语阅读教学：理论与实践（浙江省教育厅教研室葛炳芳）

2. 主动学习视阈下的英语阅读教学：自主提问（桐乡市凤鸣高级中学庄志琳、宋颖超、邓薇；桐乡市第二中学苏克银；桐乡市高级中学翁雨昕）

3. 主动学习视阈下的英语阅读教学：活动参与（金华市教育教学研究中心徐钰；浦江县教育研究与教师培训中心洪燕茹；浦江中学楼优奇；金华市外国语学校丁亚红；金华第一中学琚玲玲、张帅）

4. 主动学习视阈下的英语阅读教学：回应所学（温州市教育教学研究院丁立芸；温州中学蔡珍瑞、彭志杨、陈华露、蔡夏冰）

5. 主动学习视阈下的英语阅读教学：意义建构（杭州师范大学附属中学汪向华；杭州第四中学下沙校区印佳欢；杭州师范大学附属中学苏殷旦；杭州第二中学钱江学校马瑾辰；杭州师范大学附属中学丁楚琦）

6. 主动学习视阈下的英语阅读教学：师生责任（新昌县教育局教研室俞永恩；绍兴第一中学蔡红、沈剑蕾；新昌中学俞坚峰、言金莉）

在本研究中，我这样定义"主动学习"：在英语教学中，学生在教师指导下逐步开展自主提问，主动建构意义，主动运用所学建立文本、作者、世界和自我间的关联，表达新思想。这样的学习过程，就是促进学生形成主动学习能力的过程。从教师的视角看，促进主动学习的英语阅读课堂教学改进行动，始于教师对教学材料的深度解读，涉及文本内容从细节理解到概念化再到结构化的梳理和提炼，同时这个过程中的语言学习得到同步考量，并由文本内拓展到文本外进行"出口任务"的设计。在教学活动设计与实施的过程中，教师围绕自主提问、活动参与、回应所学和意义建构，聚焦基于意义加工的语言教学中的师生责任平衡，在不同阶段以不同的方式逐步发展学生的主动学习能力。

本研究不仅基于先前的研究而开展,研究的范式和各子课题主题设计的思路也相同。一是研究主题的重合。无论是自主提问、活动参与、回应所学、意义建构还是师生责任,都相互交叉。无论以哪个视角为切入点,都与阅读教学的方方面面有关。二是我们依然采用行动研究的方式,深入常态课堂,以改进课堂教学。特别是我们每次的研讨课都是以所在学校的"教材自然进度"确定开课内容,以落实"做真实教研"的信条。三是继续走"草根"之路,用案例说话,用行动改进说话。四是我们仍以"大课题—小课题"的方式开展研究,平时以小课题组成员的研究为主,但是每半年都组织一次"大课题组活动",每一位成员都精心撰写并反思,并在全体成员面前分享各自的心得体会。

与过往课题研究不同的是,本课题研究的阶段性成果,都同步在全省的教研活动中得到推广,同步在全国各地的讲学中介绍,更是同步在全国各类期刊上发表。我们特别感谢《教学月刊·中学版(外语教学)》从 2024 年第 1/2 期合刊起,为我们开设了专栏,每期刊登1 至 2 篇课题组成员撰写的论文。从言语行为的视角,我们可以把包括这些小册子在内的一系列成果看成"主动学习的实践话语(rhetorical practice of active learning)"。

本丛书源于我们这个团队的深入研讨和实践改进,源于这个团队的精诚团结和无私奉献,源于这个团队的智慧勤劳和磨法悟道,源于这个团队触发灵感的文献分享、一丝不苟的课例研讨、触动灵魂的研究交流、瞻前顾后的研究作风,源于这个团队两年多来对主动学习或者主动阅读"是什么?为什么?怎么做?做了又怎样?"等问题的不懈思考和实践印证。正是这一切,帮助我们建立和夯实培养主动学习能力的信念,改进阅读教学实践。

我国基础英语教育泰斗刘道义先生,自 2009 年的阅读教研课题起都一直关心、支持、教导和鼓励我们踏踏实实做教研。我们在2011、2013、2015 年出版的小册子都是先生写的序。在这次课题研究成果出版之际,先生虽已 87 岁高龄,但仍欣然为我们作序。这实

主动学习视阈下的英语阅读教学：理论与实践

在是我们莫大的荣幸。

在本丛书出版之际，我们特别感谢浙江大学出版社基础教育分社的编辑及营销团队，没有他们的帮助，我们的这些研究成果只能是"孤芳自赏"，广大中学英语教师也就没有机会阅读到这些资料，提升自己的英语阅读教学思想。

当然，由于作者水平有限，研究精力有限，书中如有不当之处，当由作者负责。敬请读者通过 gbf789@126.com 邮箱与作者交流。

乙巳初春于西溪

本书作者序
INTRODUCTION

本书主要探讨主动学习视阈下英语阅读教学的理论与实践,强调在英语阅读教学的过程中,必须基于"英语阅读教学综合视野"的理论,以"综合而有侧重"的思路融合内容、思维、语言和策略,开展主动学习能力的培养。

全书共分五章。第一章介绍英语阅读教学的现状,简要回顾以"文本解读"为突破口的"英语阅读教学综合视野"理论与实践,进而说明培养学生主动学习能力的重要性和必要性。第二章讨论主动学习的定义,论述主动学习视阈下英语阅读课堂教学的理论。就课堂教学而言,"主动表达"是这一理论最核心的指向。第三章讨论主动学习视阈下英语阅读课堂教学的实践,提出并分析了操作模型的两个"模块",即教学设计与教学实施。教学设计的"前端"旨在以主动学习能力培养为指向,落实基于文本解读的"综合视野"理论;设计的"后端"即活动设计与活动实施一并考量,从"自主提问""回应所学""建构意义""表达思想""平衡责任""主动参与"等六个方面加以讨论。第四章用一个完整的课例探讨主动学习视阈下的英语阅读课堂教学实践。课例由浙江省杭州第二中学钱江学校马瑾辰老师根据前述理论和操作模型设计并执教。第五章为研究启示，简要分析"体验—统整—创生—融通""引领—引导—引燃—自燃""进入—浸入—深入—融入""行为—语言—思维—信念"四组变量，讨论主动学习能力培养的三个因素，并提出一些值得思考和进一步研究的问题。

　　本书源于我们这个研究团队的踏踏实实、寻寻觅觅、勤勤恳恳和兢兢业业。每一次的文献学习交流，每一次研讨课 80 分钟长课的呈现，每一次说课展示的团队多次现场磨课过程和收获，每一次评课中与各自主题和磨课的"浑然一体"，每一位成员每一次课题组活动后的反思，都是这一研究的宝贵财富。没有这个团队，本书无法得以完成。

　　由于作者水平有限，书中如有不当之处，敬请读者不吝赐教。

乙巳初春于西溪

目　　录
CONTENTS

主动学习视阈下的英语阅读教学：理论与实践

第一章

主动学习视阈下英语阅读教学与研究现状

　　为数众多的关于英语阅读教学的国内期刊论文多以学生阅读兴趣和动力不足、学生阅读理解能力提升缓慢、学生阅读缺乏深度和广度、学生阅读缺乏参与性和创造性、阅读教学缺乏针对性和实效性等为研究问题,说明"重知识灌输和技能训练,轻思维素养和学习能力培养"的情况普遍存在。究其原因,在不少英语阅读课堂中,学生处于被动接受的状态;在阅读过程中,往往没有深入理解文本内容的时机,因而只能关注文本浅表信息,无以深入思考、建立广泛联系,因而难以形成自己的见解和表达。同样,思考少,就意味着目标语使用的机会少,语言学习的质量自然会受到影响。少部分英语教师依然只使用传统阅读教学模式,采用"一刀切"的教学方式,信奉"教师告诉,学生记住,就能考试",难以满足不同层次学生的需求。

　　上述问题长期存在,因为"顽疾"不可能一朝一夕痊愈。可喜的是,越来越多的教师重视通过教授阅读策略,如预测、提问、总结等，帮助学生更好地理解和分析文本内容，提高他们的阅读理解能力；通过引入自主学习、合作学习等主动学习方式，激发学生的阅读兴趣，提高他们的阅读积极性；通过引导学生进行批判性阅读和创造性阅读，培养他们深度思考和广泛联系的能力，拓宽他们的阅读视野；通过鼓励学生进行自主阅读、自主提问、自主表达等活动，培养他们的阅读主动性和创造性，提高他们的表达能力；通过实施个性化阅读教学，针对不同层次的学生制订不同的教学计划，采用不同的教学策略和方法，提高阅读教学的针对性和实效性。

> 我们从 2009 年起，开展了系统的、系列化的中学英语阅读教学研究，以"文本解读"为突破口，以"英语阅读教学的综合视野"理论为指导，聚焦"教什么"促进"怎么教"的改进。

为探讨英语阅读课堂教学的有效改进方法和思路，我们从 2009 年起，开展了系统的、系列化的中学英语阅读教学研究，以"文本解读"为突破口，以"英语阅读教学的综合视野"理论为指导，聚焦"教什么"促进"怎么教"的改进。在这个过程中，学生"独立阅读，发展高效思维技巧和学会学习的能力"（the capacity to learn independently, to develop effective thinking techniques, to learn how to learn，Skehan，1998：261）越来越得到重视，因此，从2021 年起，我们又以"主动学习"的理念为突破口，在前期研究的基础上，聚焦"怎么教"优化"教什么"。

> 从 2021 年起，我们又以"主动学习"的理念为突破口，在前期研究的基础上，聚焦"怎么教"优化"教什么"。

由于"英语阅读教学综合视野"的理论与实践是主动学习视阈下英语阅读教学实践的基础和起点，因此，本章将简要回顾相关观点,再讨论促进学生主动学习和深度阅读的话题。

一、"英语阅读教学综合视野"的理论与实践[①]

"英语阅读教学综合视野"理论(葛炳芳,2013,2015)旨在通过改进阅读教学实践,将文本信息加工、思维能力培养和语言学习三者相结合,从而提升学生的阅读素养(葛炳芳,2015:6)。

该理论的基础在于内容、思维和语言三者的紧密关系。内容是文本的核心,语言是表达的工具,而思维则是连接内容和语言的桥梁。在阅读教学中,这三者相辅相成,共同构成阅读课堂教学的三大支点(葛炳芳,2015:17-28)。

"英语阅读教学综合视野"以"[读者]为内容而读,[教师]为思维而教,[学生]为语言而学"和"体验阅读过程,感受策略运用"为核心理念,强调阅读课堂教学是一个综合而有侧重的过程(葛炳芳,2015:19)。教师在组织教学时需全面考虑文本内容理解、信息加工、思维能力、策略训练和语言学习等各方面的因素。

实际操作中,教师需遵循三大原则:目标导向原则、综合平衡原则和过程体验原则。

需要强调的是,文本解读是阅读教学的逻辑起点,因

---

① 本部分内容见附录。

而是综合视野理论"落地"的重中之重。教师需要解读教学材料的背景、内容、语言、思维、策略、表达等等,如:文本以什么样的框架、借助什么样的语言、表达什么意思,如何表达。文本解读需要以课标和相关理论如篇章语言学习为指导,指向阅读素养。

依据课程目标定位教学目标,确保教学活动与阅读素养的提升紧密相关。同时,在学习活动设计上,教师应从内容、思维和语言三个方面切入,探讨阅读课堂教学的改进策略。

充分理解这一理论,是"主动学习视阈下的英语阅读教学"这一研究不可或缺的基础。

二、主动学习能力的培养

浙江省在 2009—2015 年间形成的"英语阅读教学的综合视野"强调了"内容、思维、语言"的融合,也重视阅读策略的体验式学习,这与教育部后来颁发的《普通高中英语课程标准(2017 年版)》和《普通高中英语课程标准(2017 年版 2020 年修订)》(以下简称"课标",教育部,2018,2020)中提出的语言能力、文化意识、思维品质和学习能力等核心素养的四大维度完全一致。英语教育中的知识和能力维度得到重视,以意义加工为核心的课堂教学思路得到重视,英语学习活动观得到理解,"教—学—评"一体化的理念得到广泛认同。梳理课标,我们发现,无论是"核心素养",还是"教学建议"中提及的实施意见,归根到底,是要求广大教师重视培养学生主动学习、自主学习的能力。学生学会学习是学校教育的根本任务。

> 学生学会学习是学校教育的根本任务。

然而,无论是阅读课堂教学还是其他课型中,从教学行为的角度看,英语教学中教师角色与学生责任的平衡尚未引起足够重视。由于教师意识、操作能力、考试压力、教学时间、学校管理等各种客观因素的影响,教师不得不赶进度、应对联考,知识点讲解依然占据了主要的课堂教学时间,多数英语课堂教学中学生学习依然是以接受式的"听"、记笔记为主,主动性还没有真正得到发挥。

从这个意义上讲,如何将教师文本解读转化成学生文本解读的能力,如何将教师对教学文本和阅读课堂教学的理解转化为学生的学习体验和学习成果,帮助学生学会学习,还需要进一步研究。

我们要理解"内容、思维、语言三位一体"的观点,以"综合而有侧重"的思路设计教学活动,并以培养学生主动学习、主动思考的能力为课堂教学的重要目标。真正的学习,源于学生内心动与静的有机结合。阅读教学务必基于充分的文本解读,做好教学设计,强化阅读教学综合的过程观。

Marilyn（2001：151)认为,"学习需要学生的主动参与。不同的人学习的能力、

> "学习既是一个个体的过程,也是一个社会的过程"（Marilyn,2001：151)。

学会知识的速度不一样。学习既是一个个体的过程,也是一个社会的过程。具有主动学习特征的课堂有以下特点:有意义的、以学习者为中心的体验;提出问题、解决问题和独立思考的机会;对所有学习者的各种期望;大量的交谈、阅读和写作;作出决定和发挥创造力的机会;对学习者的尊重和信任;从错误中学习的机会;内容的整合;日常的自我评价"。

主动学习视阈下英语阅读教学的改进行动,通过行

动研究,发现问题、研究问题、行动跟进,聚焦英语阅读教学中更好发挥学生学习主动性的策略,更好地认识和定位教师角色与学生责任,形成促进教师设计与实施指向学生主动阅读能力培养活动的有效设计和实施策略,进而改进阅读课堂教学实践,促进学生主动阅读,提升学生主动学习的能力。

我们从自主提问、活动参与、回应所学、意义建构、师生责任等五个相互交叉的维度,研究指向培养学生主动阅读能力的课堂教学活动设计与实施,旨在回归课堂,以自主学习撬动英语课堂教学的改进。

我们从自主提问、活动参与、回应所学、意义建构、师生责任等五个相互交叉的维度,研究指向培养学生主动阅读能力的课堂教学活动设计与实施,旨在回归课堂,以自主学习撬动英语课堂教学的改进。

第二章

主动学习视阈下英语阅读
课堂教学的理论

主动学习对于改进英语课堂教学、培养学生学习能力以及提升学生核心素养大有裨益。在英语阅读教学中,主动学习更是发挥着举足轻重的作用。主动学习不仅强调学生的主体地位,还鼓励学生通过自主提问、主动建构意义、积极运用所学,与文本、作者、世界和自我建立深度关联,从而用英语表达个体独特的理解。

一、定义主动学习

改进英语课堂教学的关键要素,涉及课标理念的贯彻、教材的使用,还有从学习出发的教学设计与对学习者和学习过程的理解和关注。主动学习能力的培养是课堂教学的应有之义。Meyer 等人(2008:1-2)认为,自主学习对学生有诸多"好处",如"提高学习成绩,增强动机和信心,提高对自身局限性和相应应对能力的认识,使教师能够为学生提供差异化的任务,通过合作来促进社会包容"。

Brown(2007,转引自 D'mello,2022:46)将主动学习定义为"教与学的过程中的一种有效策略,学习体验贯穿整个过程"。他将这种体验称为心理活动,因为它基于学生对学习过程的参与。主动学习使学生"将新知与已有知识联系起来,在已有信息的基础上形成新的理解,从而建立个人的知识"(Bransford *et al.*, 2000,转引自 D'mello,2022:46),它是"知识建构和深度参与的途径",而"学习是个体把信息编码成心理表征,建构知识,以备后用"(Lombardi *et al.*, 2021: 10)。

主动学习"与社会行为有关,与认知有关,与情感有关,与主动参与有关"(Lombardi *et al.*, 2021: 10-11)。

由此可见,主动学习"与社会行为有关,因而强调参与度;与认知有关,因为它涉及思维、回应与策略运用;与情感有关,因而重视积极情感体验;与主动参与有关,因而重视为自己和同伴同步进行知识建构的角色认知与实现"(Lombardi *et al.*, 2021: 10-11)。它强调学生学习是从信奉"所有知识都从教师和教科书传授到学生"的相对传统而被动的方式,到学生对自己的学习负责的主动学习方式的转向(Ginsburg,2010:63)。

自主不是自生自灭(葛炳芳,2021:5)。自主作为一种学习方式,"学生主动体验学习过程,学生的参与程度决定了主动学习的层次"(Bonwell & Eison, 1991:2)。

需要注意的是,自主不是自生自灭(葛炳芳,2021:5)。自主作为一种学习方式,"学生主动体验学习过程,学生的参与程度决定了主动学习的层次"(Bonwell & Eison, 1991:2)。学习者对自己的学习负起责任,控制自己的学习行为,将自己的学习成就感与自己的努力和方法关联起来，而不只是从外界找原因，这些都是取得学习成就、增强自我动机的重要条件（Dickinson，1995：173-174）。

主动学习涉及时间、任务、时机、任务单、评价等诸多变量，而回应性、结构化是自主阅读课堂中极具挑战的因素（葛炳芳，2021：5）。以意义加工为核心的主动学习活动、以思想建构为核心要素的过程体验，都要求教师重新审视课堂教学中自己的角色和学生的责任。以发展学生自主学习能力撬动英语课堂教学改进的思路，可为提升学生英语主动学习能力赋能。

综上所述，主动学习可定义为："在英语教学中，学生在教师指导下逐步开展自主提问，主动建构意义，主动运用所学知识建立与文本、作者、世界和自我间的关联，从而表达新思想"（葛炳芳，2024：53）。

> 主动学习可定义为："在英语教学中，学生在教师指导下逐步开展自主提问，主动建构意义，主动运用所学知识建立与文本、作者、世界和自我间的关联，从而表达新思想"（葛炳芳，2024：53）。

二、主动学习与阅读教学

阅读文本之器，是字词句篇之形。读者依赖字词句篇、语修逻文，解码理解，加工意义；阅读文本之道，是人文生命精神。读者依赖自身经验和文本逻辑，认知建构，学思践悟。从这个意义上讲，阅读，是感知、唤醒、体悟和激发，其对象，不仅仅是语言，更是思想、情感，甚至是精神创造。从理论视角来看，文本世界或想象被视为读者或作者体验文本意义的主要动力；它包含一个人在创建特定文本期间的任何时间点所形成的全部理

> 阅读可以被看作是"一个'意义流变'的过程"（Langer *et al.*，1990：429）。

解（Langer *et al.*，1990：429）。阅读可以被看作是"一个'意义流变'的过程（a process of meaning-in-motion），随着阅读活动的深入，理解也逐步深入并不断修正。这反映了读者已有认知与文本固有的内在复杂性之间的交互"（Langer *et al.*，1990：429）。在阅读过程中，读者的理解处于不断地丰富、完善和修正中。这种动态的意义建构凸显了读者的调适能力的重要性。其中语境的作用不可忽略，因为它"并非[交际中]后来外加的东西，而是话语的首要特征，它引领着意义建构的整个过程"（Requejo，2007：177）。

英语阅读教学中，学生要成为积极、主动的阅读者，很重要的一点就是要有积极的读者身份认同，或者说要有一个积极的阅读"自我"（Lake & Holster，2014：394）。学生主动建构意义，主动运用所学建立文本、作者、世界和自我间的关联，表达新思想，都需要以主动学习为基础，其中必然涉及不断修正理解、不断适应学习、不断发展能力的学习参与性。这种积极主动性，不仅是学习的目标，还是学习的过程，更是学习的结果。师生角色的平衡，从教师的角度看，就是要在设计阅读教学活动时充分关注学生的愉悦感、安全感、归属感、尊重感、方向感，这是扎实开展自主学习、培养学生主动学习能力的前提。

由此可见，自主提问不仅是意义加工的策略，更是学生发展主动学习能力的重要学习方式。有层次的意义加工，涉及学生作为读者和语言学习者与文本、作者、世界和自我的"四重对话"，是对输入不断作出主动回应的过程。

三、主动学习视阈下英语阅读课堂教学的理论

（一）核心理念

根据我们对主动学习的定义，在英语阅读教学中，学生主动提问，主动建构意义，主动运用所学建立文本、作者、世界和自我间的关联，表达新思想，都需要以学生主动学习为基础。换言之，在起步阶段，主动学习始于自主提问，经历主动建构、主动运用、主动表达的"成长"过程，是学生对知识进行内化后自然而然地用英语表达的过程体验。它注重将课堂交还给学生，建构以学生学习体验为中心的课堂生态（葛炳芳，2024：56）。主动学习的过程，是学生不仅更加独立地经历"知其然"（聚焦文本信息加工），而且更加独立地、更有深度地经历"知其所以然"（不同层次的思维训练）和"何以知其所以然"（特别关注读者要素的融入和语言这一最关键的要素）的过程。

（二）理论架构

主动学习视阈下英语阅读课堂教学的理论，强调学生在课堂教学中的主动参与，强调自主提问、回应所学和意义建构等学习活动和过程，并以师生责任平衡为可观测的动态变量，去调整教与学的行为。这一理论，涉及英语阅读课堂教学的方方面面。

主动学习视阈下英语课堂相关变量（见图 2.1）由

图 2.1　主动学习视阈下英语课堂相关变量及其相互关系

"四层"构成：内核层、第二层、第三层和第四层。下面我们来探讨这四个层级之间的关系及其在阅读课堂中的作用。

1. 内核层：主动表达

内核层即"主动表达"，是英语阅读课堂的最终目标，也是阅读教学的最终追求，体现了学生在阅读过程中形成的独立思考、深度理解和口笔头有效表达的综合能力。

英语作为学校课程之一，是发展学生素养这个系统工程中的一分子。英语主课程也要指向学生学科核心素养的发展。但就一节课而言，"主动表达"是英语阅读课堂的最终目标，也是阅读教学的最终追求，体现了学生在阅读过程中形成的独立思考、深度理解和口笔头有效表达的综合能力。通过阅读,学生能够主动、清晰、有条理地表达自己的思想和观点,展现个人的阅读素养和批判性思维能力。

主动表达力是学生回应所学的外在形式。表达的内容,应该是学生使用连贯的英语语句表达相对完整的思考:可以是文本的概要,可以是对文本中某个要点的回应,可以是文本内容带来的拓展性或者深度的思考,也可以是对教师或者同伴所提的某个问题即兴但必须是高于文本加工前水平想法的表述。

2. 第二层:意义建构

阅读是复杂而多层次的——在课堂环境中,阅读需要动机、专注的参与和实际理解。大量的读写研究将阅读定义为一个多维的意义构建过程(Salas *et al.*,2024:17)。意义构建是读者、文本和作者之间相互作用的动态系统(Rosenblatt,1994:viii)。意义并不局限于文本或作者本身,而是每位读者在与文本互动时,基于其个人目的和意图所进行的个性化构建。受互动信念指导的阅读是建构性的,而非重构性的,因为读者会创造出自己的意义(Schraw,2000;Schraw & Bruning,1996;参见 Mason *et al.*,2006:412-413)。

"细节、概念、结构"构成了意义建构的层次。

> "细节、概念、结构"构成了意义建构的层次。

这一层次特别呈现了英语阅读课堂教学中学生对文本内容的深度加工和理解过程所涉及的内容变量。学生在阅读过程中获取或加工内容,不会意识到他们本质上是在"细节、概念"两个变量中(通常是无序的)"切换","结构"化也常常是教师给出的或者最后师生一起"整理出来"的图表。结构是加工阅读文本最重要的阶段性目标,也是后续拓展或者深度加工意义的"工具"。只有这样,才能使得学习者获得"主动表达思想"的能力。

> 学生关注文本细节,通过概念化整理,将细节信息归纳为更高层次的理解,最终形成逻辑清晰的结构。

我们单独列出这个层次,是想凸显"细节—概念—结构"在文本意义加工中的重要性,也是设计主动表达活动的最重要考量。学生关注文本细节,通过概念化整理,将细节信息归纳为更高层次的理解,最终形成逻辑清晰的结构。这一系列螺旋式的建构活动是意义加工的关键认知过程,为学生提升对文本信息的整合、分析和批判能力,为形成主动表达力奠定坚实的基础。

3. 第三层:阅读素养

"素养"由"关键能力""必备品格""正确的价值观"三个方面组成。根据王蔷、陈则航(2016:19)的研究,"阅读素养"中的关键能力包括"解码能力""语言知识""阅读理解""文化意识"四个方面,必备品格包括"阅读习惯"和"阅读体验"两个方面。

> "内容、思维、语言、策略"是阅读教学有机融合的四个维度,它们共同构成阅读素养。

我们认为,"内容、思维、语言、策略"是阅读教学有机融合的四个维度,它们共同构成阅读素养。"英语阅读教学的综合视野"已经解释了其在英语阅读教学中的核心地位。这也是开展英语阅读教学的基础工作,要做实文本解读。在文本解读的过程中,我们把内容即文本意义看成是文本的基础,文本意义加工的深度和广度,就是思维的深度和广度。教师总是要以培养逻辑思维能力为基础,创设培养批判性思维能力的情境和契机,进而助力创新思维能力的培养。而意义加工,需要语言:用语言获取信息,加工和内化信息,表达思想。从这个意义上讲,"内容、思维和语言"是"三合一"的。策略本来也是不可或缺的,但用什么策略解读文本、加工意义,是因人而异的。所以"四合一"中的"策略"又是相对独立的。这一层具有重要性,一是因为阅读素养是阅读教学的目标,二是因为这四个维度相互关联、相互渗透,它指引我们以"综合而有侧重"的思想看待基于具体语篇的阅读课堂教学,设计具体的学习活动和学习任务。

4. 第四层:主动学习活动设计与实施

主动学习视阈下英语阅读课堂活动设计与实施涉及自主提问、活动参与、回应所学、意义建构和师生责任等方面,是主动学习视阈下实现学习

> 主动学习视阈下英语阅读课堂活动设计与实施旨在激发学生的主动参与,提升学生包括自主提问能力、结构化能力在内的主动学习能力,进而助力学生完成"出口任务",实现主动表达能力的发展。

目标的方法、思路与途径,旨在通过多样化的教学活动设计,激发学生的主动参与,提升学生包括自主提问能力、结构化能力在内的主动学习能力,进而助力学生完成"出口任务",实现主动表达能力的发展。

5. 整体特征

上述四个层次相互关联,共同构成了主动学习视阈下中学英语课堂的核心框

> "主动表达""意义建构""阅读素养""主动学习活动设计与实施"这四个层次相互关联,共同构成了主动学习视阈下中学英语课堂的核心框架。

架。如前所述,主动学习视阈下英语阅读课堂活动设计

与实施,其核心理念是学生主动参与、知识内化、能力发展、终身受益的主动学习与成长过程。

内核层的主动表达力是阅读课堂教学的目标与追求。第二层由"细节、概念、结构"构成的意义建构层次为教学活动的内容设计提供了一个逻辑框架。第三层"内容、思维、语言、策略"构成的阅读素养于师生而言都很重要,也是以"综合而有侧重"的思想为设计阅读教学活动的理论依据。第四层的主动学习活动设计与实施是主动学习视阈下促进学生主动能力发展的显性过程。

这一理论架构的整体特征主要有以下三个方面:

(1)层次性与关联性。四个层次相互关联,共同构成了主动学习视阈下英语阅读课堂教学的核心框架。

(2)动态性与平衡性。强调师生责任平衡,通过调整教与学的行为来适应学生的学习动态和需求。一是意义建构的"动态性",即"细节—概念—结构"的动态形成;二是以"综合而有侧重"的思路加工文本、体验阅读过程,学习语言、发展思维。

(3)综合性与侧重性。在阅读教学中,既注重综合视野,又强调根据具体语篇和学生的学习情况有所侧重。

(三)实施原则

1.综合视野原则

> 主动学习视阈下的英语阅读课堂教学要在"英语阅读教学综合视野"的理论框架下开展。

主动学习视阈下的英语阅读课堂教学要在"英语阅读教学综合视野"的理论框架下开展,涵盖"内容、思维、语言、策略"四个维度。教师备课时深度解读文本,定位教学目标;学生学习时,在不同的活动中,以意义加工为主线,侧重意义加工的层次、语言的模仿或运用、阅读方法的体验与感悟等不同的"聚焦点"。教师设计学习活动时,根据具体教学目标,关注多维度融合,但单个学习活动的目标要有所侧重。阶段性学习任务与阅读课"出口任务"之间有效衔接。

2. 动态平衡原则

主动学习视阈下的英语阅读课堂教学,强调主动学习的过程。学生自主提问、深度理解文本寓意、形成文本结构,都是学生与文本、学生与学生、学生与作者和学生与自我互动的过程,而这个过程是动态平衡的。即使是以"读前""读中""读后"三个环节区分阅读(教学)的过程,读者、文本和活动也是"以各不相同的动态方式相互关联","我们区分这三个阅读'微周期',是因为区分读者为阅读带来什么和读者从阅读中获得什么是非常重要的。每一次阅读行为都可能是一个微观发展过程"(Snow,2002:12)。任何以"时间不够了"为由剥夺学生自主学习和主动思考的时间的做法,或者想要"一步到位"直接告诉学

> 任何以"时间不够了"为由剥夺学生自主学习和主动思考的时间的做法,或者想要"一步到位"直接告诉学生知识结果的做法,都打破了主动学习过程中某个学习阶段的"平衡"。

生知识结果的做法,都打破了主动学习过程中某个学习阶段的"平衡",因而无法真正培养学生主动学习的能力,无法真正发展学生的素养。

3. 意义建构为核心原则

意义建构是贯穿英语阅读课堂教学始终的核心任务。在阅

> 意义建构是贯穿英语阅读课堂教学始终的核心任务。

读过程中,学生关注文本细节,提炼关键概念,构建文本结构,从而实现对文本内容的深度加工和理解。它要求教师在教学过程中,注重引导学生关注文本细节,通过概念化整理和结构化呈现,帮助学生构建和规划清晰的知识框架和思维路径。教师引导学生深入文本,关注细节信息,通过自主提问、多维对话等学习活动,激发学生的深度思考,帮助学生将细节信息归纳为更高层次的理解,形成概念化和结构化的知识体系,达成对文本的独特见解和深刻认识,并能用连贯的语句表达个人的思想,从而提升阅读素养。

4.责任逐步释放原则

Nuttall(1996:33)认为,阅读是学会的,而不是教会的。学生最基本的责任是主动阅读,对自己的学习过程负责。学生主动学习的能力不是一朝一夕获得的。在教学初期,通过示范、讲解等方式,引导学生掌握学习方法和技巧。随着学生能力的提升,逐渐放手让学生自主设计和实施学习活动。"责任逐步释放"(the gradual release of responsibility,即 GRR,Fisher & Frey,2008:4,见图 2.2)提出了"我(教师)做给你(学生)看"—"我们一起做"—"你们一起做"—"你们自己独立做"的"责任释放"过程。

> 在教学过程中逐步释放学生的学习责任,通过逐步增加学生的自主学习机会和独立解决问题的能力,促进学生的自主学习和独立发展。

在教学过程中逐步释放学生的学习责任,通过逐步增加学生的自主学习机会和加强独立解决问题的能力,促进学生的自主学习和独立发展。

这一原则要求教师在教学初期给予较多的引导和支

TEACHER RESPONSIBILITY

Focus Lesson	"I do it"
Guided Instruction	"We do it"
Collaborative Work	"You do it together"
Independent Work	"You do it alone"

STUDENT RESPONSIBILITY

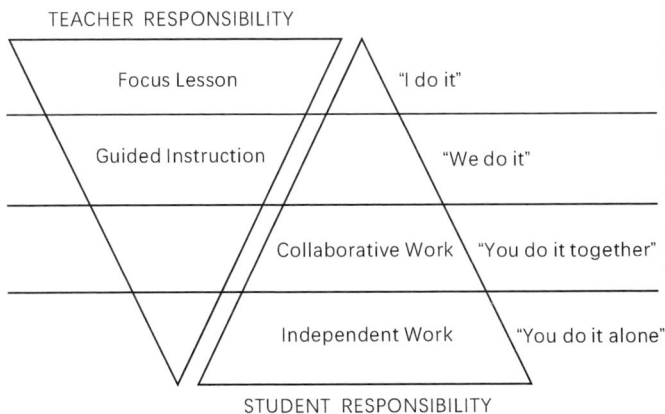

图 2.2 "责任逐步释放"(Fisher & Frey,2008:4)

持。这也是一个培养学生的问题意识、鼓励学生自主提问、引导学生深入思考和探究的过程。在这个过程中,教师培养学生自我反思和自我调整的能力,促进学生的终身学习和全面发展。

第三章

主动学习视阈下英语阅读
课堂教学的实践

主动学习视阈下的英语阅读课堂教学，基于综合视野的常态英语课堂教学理念和操作，以深度的文本解读为基础，适切定位课堂教学目标，有效梳理文本信息，强调学生的主体性和思维的深度参与，重视学习过程中真实的思维体验，有机融入语言学习，旨在培养学生的主动学习能力。

一、操作模型

英语阅读课堂教学的设计与实施，需要一个基于文本解读的准备系统，即"文本解读→目标定位→'出口任务'设计→活动与评价设计"。在课堂教学实施中，为了培养学生主动学习的意识和能力，我们可以以"自主提问→意义建构→运用所学建立关联→表达新思想"这一课堂教学思路去落实。主动学习视阈下英语阅读课堂教学操作模型是两者的有机融合(见图 3.1)。 通过这一模型,学生能够在教学设计的强大支撑下由教师指导,逐步深入文本,更好地承担自己的学习责任,主动探索,最终实现语言与思维能力的双重提升。

> 主动学习视阈下英语阅读课堂教学操作模型是基于文本解读的准备系统与相应的课堂教学思路的有机融合。

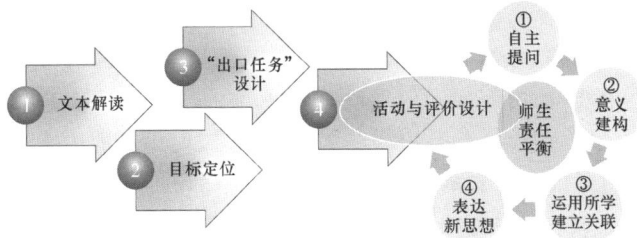

图 3.1 主动学习视阈下中学英语阅读课堂教学操作模型

二、基于文本解读的教学设计

对文本多元解读是一切课堂教学设计的逻辑起点(葛炳芳,2013:8)。文本解读的方法很多。不同的人在不同时间根据不同目的,对同一文本也会有不同的解读。我们先前的研究已经比较详细地介绍了基于综合视野的英语阅读课堂教学设计中的文本解读的思路与方法、目标定位的依据和核心考量、教学设计的总体思路和具体策略、教学实施的综合意识和过程意识(详见葛炳芳,2015:33-53)。

指向学生主动学习能力培养的阅读课堂教学设计中,文本解读不仅仅指解读文本的内容及其语言和思维视角的意义加工,还指厘清文本意义的呈现和整合方式,即意义加工的层次性,表现为"细节—概念—结构"的整文本解读不仅仅指解读文本的内容及其语言和思维视角的意义加工，还指厘清文本意义的呈现和整合方式，即意义加工的层次性，表现为"细节—概念—结构"的整体性，而"结构"是设计读后"出口任务"的基础。

体性，而"结构"是设计读后"出口任务"的基础。文本解读时，还需要考虑解读成果如何转化为促进学生主动学习的教学活动设计。

内容、思维、语言与方法。任何课堂教学中，内容总是主线，而内容加工的层次就是思维的层次。语言是目标，学生理解的总是比能够表达的更多，但用目的语表达思想是语言课堂的重中之重。方法是学习能力的表达方式之一。自主提问与阅读策略一样，以形式承载，但总是以内容的层次标志其能力的大小。

提问、阅读、产出。自主提问总是学生主动提升思维能力的载体。学生所提的问题，就是他们的思维成果。要让学生的思维成果成为后一阶段乃至整堂课的教学主线，对教师的挑战不小。同时，学生的阅读方式虽然可以多样，如读标题、寻读，但也应当有整体阅读。阅读课堂的"出口任务"，不仅仅是内容维度的关联，更要有利于学生模仿和创造性地使用目标语言。

活动设计的准备、实施。活动设计必须以学习目标为要，话题内容与语言的准备必不可少。活动设计的脚手架如图表等思维工具、个体活动与多人活动的平衡都需要关注。即使是个性化的活动，也需要合作学习"加持"。

三、课堂教学思路与实施策略

(一)自主提问

"提问是课堂阅读教学中一种成熟的常用做法","有助于提高理解力"。（Raphael & Pearson,1985:218)自主提问是培养学生主动学习能力的重要途径。也就是说,学生提问是成功学习、有效理解的基础,它有赖于社会情感支持,

> 学生提问是成功学习、有效理解的基础,它有赖于社会情感支持,在指向主动学习能力培养的英语阅读课堂中有着十分重要的地位。

在指向主动学习能力培养的英语阅读课堂中有着十分重要的地位。培养学生主动学习能力,可以以学生自主提问为起点,但必须"考虑到学习者在处理问答任务时变得更加敏捷和灵活方面所发挥的主动作用"（Raphael & Pearson,1985:218）。

"自主提问不仅是培养学生主动学习能力的起点,而且也是激发学生学习动机、促进学生思维深度生长和提高学生学习效果的重要方式","以多轮进阶式自主提问推动主动解读文本,以双向平等式自主提问促进主动建构知识,以团队合作式自主提问助推主动探究主题意义"（宋颖超,2024:58）是促进学生开展自主提问的三大有效策略。翁雨昕（2024:70-76）提出,高中英语阅读教学应将自主提问贯穿教学始终,逐步引领学生"在认知冲突中'起疑'""在以学引问中'追疑'""在生问生答中'释疑'""在迁移评估中'拓疑'",培养学生以"学习情感力—知识建构力—活动参与力—自我反思力"为主线的主动学习

能力。培养学生自主提问，涉及师生双方的合作，因此，教师要为不同水平的学生提供支架。教师应创造条件，鼓励学生敢于提问、善于提问，通过自主提问激发学生的好奇心和求知欲，促进他们主动探索和思考。同时，教师应及时回应学生的提问，引导学生深入探究文本内容，培养他们的批判性思维和问题解决能力。

Raphael & Au(2005:212)在探讨"核心问题与答案关系"时，曾经将问题分成以下四个类型：(1)文本中直接给出答案(*right there*)的问题，即答案就在文本中的某一处。问题中的词语和回答问题的词语通常"就在那里"，在同一句话中。(2)需要思考但仍能在文本中找到答案(*think & search*)的问题，即答案在文本中，但需要读者"思考并搜索"，或者将文本的不同部分组合起来，才能找到答案。答案可能在一个段落内，或者跨段落，甚至跨越章节和书籍。(3)需要独立思考、答案会因人而异(*on my own*)的问题，即答案不在文本中。读者需要运用自己的想法和经验来回答问题。(4)根据文本和作者拓展，读者独立思考(*author & me*)得到的问题，答案不在文本中。为了回答问题，读者需要思考文本与他们已知的知识如何相互契合。

> 教师要有意识地区分头脑风暴式问答、猜想和预测。

上课伊始，师生互动一般以问答的形式开展。但教师要有意识地区分头脑风暴式(brainstorming)问答、猜想(guessing)和预测(predicting)。预测需要有内容和语言的铺垫。教师要把预测性提问看作是学生的思维成果，认真对待。一般板书学生提出的预测性问题，将其作为下一个学习阶段的活动主线，并在学生无干扰阅读后鼓励学生自主回应这些问题。在后续的阅读和讨论中，学生可能再次提问。教师协助学生筛选具有探讨价值的问题，将其作为课堂教学的核心议题，引导学生围绕这些问题展开深入探究。即使有些提问无法在文本中找到答案或者线索，也是师生、生生或者生本对话的好材料：为什么作者不提呢？如果你是作者，你会写这些内容吗？为什么（不）？……

在英语阅读课堂教学中，"教师应在阅读教学中开展情境化、多轮次的自主提问，在培养学生自主提问技能的同时，帮助学生铺垫回应内容，从而形成基于个人理解的新知。需要指出的是，多轮次的自主提问的设置……需要考虑在不同环节设置多轮次的自主提问的目的以及该如何恰当地设置自主提问的时机等，给予学生从不同角度和层次反复阅读并探索文本的机会，促进学生主动回应输入的文本信息，从而发展学生'读而思、思而疑、疑而问'的主动学习能力。这就要求教师根据学习目标、学生学情等合理设置自主提问的轮数"（丁立芸，2024：36）。

经过一定时间的自主提问实践后，相关活动设计也可以有"升级版"。如自主提问的"结构化"设计。英语阅读的过程是学生将知识等结

> 经过一定时间的自主提问实践后，相关活动设计也可以有"升级版"。

构化并学会解决问题的过程。这一过程也在着力体现学生学习主动性的自主提问处于核心位置。苏克银（2024：43-48）从导引性、回应性、关联性与审辨性这四个方面分析学生阅读中的结构化自主提问能力的构成要素，并基于课堂教学实践，从语篇信息梳理、逻辑结构理解、主题意义建构、新设情境运用四个方面分析学生结构化自主提问能力的培育策略："以问促知：基于语篇信息梳理设问，促进知识的结构化，培育导引性提问能力"，"以问促

学：基于宏观结构理解设问，促进策略的结构化，提升回应性提问能力"，""以问促思：基于主题意义建构设问，促进思维的结构化，增强关联性提问能力"和"以问促用：基于新设情境运用设问，促进迁移的结构化，强化审辨性提问能力"。

学生主动提问需要背景知识和基本的语言打底，而提问本身还涉及学习的包括人际关系和教师对学生的"友好程度"在内的环境因素。学生依据已有图式和有限线索，开展预测性提问。学生也可边阅读边提问。此时的提问主要是质疑或者澄清。读完文章甚至是讨论、分享后的提问，则完全是思维层次很高的质疑性提问或者是预测性提问。无论何种提问，只要是学生主动提出，都是学生的思维成果，教师都应当尽可能使提问成为某个教学环节的主线。

（二）回应所学

阅读教学总是以意义加工为要，文本内容加工占据了最大量的课堂学习时间。内容加工的过程本质上是非线性地理解"点状"信息及建立信息点与信息点、文本内容与读者已有认知图式等不同理解要素之间意义关联的过程。换言之，学生对内容加工的过程就是不断对文本作出回应、修正，进而丰富或深化理解的过程。教师需要依托学生的内容加工，协助学生在意义协商的过程中对内容作出结构化的梳理，帮助学生更好地掌握运用语言进行意义加工的方法，发展学生的思维品质。

回应，尤其是以言语回应，在语言学习中的地位相当重要。学生回应所学，即回应输入、关联已知、主动思考。

回应，尤其是以言语回应，在语言学

习中的地位相当重要。学生回应所学,即回应输入、关联已知、主动思考。意义关联本质上是意义建构的过程,"是一个推断的过程"(Radden *et al.*,2007:9),是思维层次的表征,又与语言学习密不可分。不论是回应所学还是意义关联,都是指向主动学习能力培养的阅读教学的交互性的体现。"以问促问,自主形成问题链"(宋颖超,2024:61)就是促成学生"回应所学"的一种手段。

指向主动学习能力培养的阅读教学中的回应所学、意义关联和交互性之间的关系可具体表述如下:

● 交互性本质上就是回应输入的过程,是学生对包括教师、同伴和文本在内的所有输入的内在和外显的回应。

● 回应所学本质上是建立意义关联的交互活动的过程,即从可理解输入到意义协商,再到活动参与都是符号(含文字)与意义(含社会、文化、价值等)"互动"的过程。

● 意义关联的指向与结果,本质上影响着学生能否有更高质量的交互。

此外,有目的的互动任务设计总是与相应的"评价标示(assessing signpost)"设计同步进行,渐进的学习任务总是与学生渐进的主动学习能力的提升同步"兑现",信息分类的概念化思路总是蕴含着对概念化价值的理解与判断。可见,学生回应与意义关联是促成"互动—回应—关联—更优质互动"主动学习循环的底层逻辑。

> 学生回应与意义关联是促成"互动—回应—关联—更优质互动"主动学习循环的底层逻辑。

交互活动中学生的"安全感"也是一个重要变量。以培养主动阅读能力为目标的"交互"活动,强调学习过程交互活动中学生的"安全感"也是一个重要变量。语言课堂中的交互，主要就是学生对包括教师、同伴和文本在内的所有输入的内在和外显的回应。

中学生的自我"控制"，因为只有"有利于互动和回应的学习情境（interactive and responsive learning contexts）而不是被动的学习情境才能促进语言学习"（Konishi *et al*.，2014：406）。语言课堂中的交互，主要就是学生对包括教师、同伴和文本在内的所有输入的内在和外显的回应。

综上所述，在设计英语阅读活动时，教师只有认识到融合学生回应与意义关联的重要性，其设计的阅读活动才能"牵引"学生在主动学习中实现预期的学习目标，进而在课堂上真正落实对学生主动学习能力的培养。

（三）建构意义

"学习并不是旁观者的运动（a spectator sport）。学生如果仅仅坐在课堂上听老师讲课、记住预先布置的作业并'吐出'（spitting out）答案，他们并不能学到很多东西。他们必须谈论他们正在学习的内容，写下来，将其与过去的经历建立关联，并将其应用到日常生活中去。他们必须使所学知识成为自己的一部分"（Chickering & Gamson，1987：3）。根据 Long（1985，1996）的观点，使输入变得易于理解的最有价值的方式是通过交互调整。这些是学习者及其对话伙伴克服理解困难的尝试，以便通过意义协商使不可理解或部分可理解的输入变得可理解（参见 Foster & Ohta，2005：405）。"在阅读教学的语境下，意义建构围绕文本内涵的理解发生。阅读理解的实质就是意义建构"（印佳欢，2024：54）。意义建构的过

程,就是学生由少到多、由浅入深"滚雪球式"地理解文本内容,挖掘文本背后的深层

> 在意义建构的过程中,学生理解细节,加工内容,建立概念,形成结构,表达新思想。

含义和文化背景,并适时关联世界、关联自我,增强对文本内容的理解和情感共鸣的过程。在这个过程中,学生理解细节,加工内容,建立概念,形成结构,表达新思想。

1. 重视理解逻辑,助力主动学习

意义加工是阅读课堂教学的"前端任务"。学生理解文本,解读文本意图,关联自己的观点,是阅读课堂教学的显性主线。在意义加工中逐步理解主题意义,在意义加工中丰富语言和思想,提升思维能力和学习能力,是课标的要求。

然而,作者表达意义的逻辑,与读者理解文本的过程并不总是一致的,因而教师在设计教学活动时,要平衡文本逻辑和理解逻辑,以更好地设计文本学习结束时的"出口任务"和达成这一"出口任务"的过程性活动。理解逻辑是学生作为读者理解文本,作为语言学习者理解意义的表达方式、模仿使用语言表

> 理解逻辑是学生作为读者理解文本,作为语言学习者理解意义的表达方式、模仿使用语言表达思想的逻辑。理解逻辑观照学习活动设计和教与学的平衡。

达思想的逻辑。从这个意义上讲,剖析文本逻辑是实现文本内容结构化和有效设计"出口任务"的基础,而理解逻辑观照学习活动设计和教与学的平衡。例如,自主提问,就其可操作性而言,是培养学生主动学习初始阶段相对易做的活动形式。但即使是预测性提问,也反映了多

数学生的理解逻辑。只有认识到这一点，促进学生主动学习的活动才能真正为培养学生主动学习能力服务。

2. 理解细节整理、概念化与结构化的关系

教师助力学生在文本细节加工的环节开展主动理解、梳理的学习活动，必要时提供示范或者思维工具。细节梳理总是花费最多时间的基础的工作。诚然，学生理解文本意义的过程中，以"回答问题"为例，"其中70％到80％的问题要求学生对独立阅读的文本进行整合、解释、批评和评估（integration，interpretation，critique，and evaluation）"（Raphael & Au，2005：206），涉及批判性思维能力的深度意义加工。但是，没有细节理解作支撑，

> 基于细节梳理的概念化分类，并在概念化的基础上的结构化整理，是学生主动学习活动中师生意义协商所得的最重要学习成果。

这样高层次的学习活动就无从谈起：要么学生谈论没有"输入"也能说的内容，要么就是"瞎编乱造"。相反，仅止步于细节加工，学生的输入就无法在其他场景中使用，而无法模仿使用的知识，在人的记忆中不会长久停留。从这个意义上讲，基于细节梳理的概念化分类，并在概念化的基础上的结构化整理，是学生主动学习活动中师生意义协商所得的最重要学习成果。在这个过程中，无论是基于查找和回忆信息的回应，还是"深入思考并回答涉及主题和教训、情节结构元素和多种观点"的回应，"学生需要利用他们对文本组织（例如描述、因果关系、逻辑联系）的知识，并能够识别文本、图表、照片和其他材料中的重要细节"（Raphael & Au，2005：206-207）。

印佳欢（2024：55-58）以人教版高中英语选择性必修第四册 Unit 1 Reading and Thinking 板块的语篇

Satisfaction Guaranteed（*Adapted*）为例，阐述了主动学习视阈下"意义建构"的策略：基于文本主线即文章内容的呈现结构和逻辑线索开展自主提问，引发主动阅读思考；由于自主学习和意义建构都具有渐进性，可利用信息图、思维导图等图形工具整理信息碎片，提高认知策略意识；由于加工文本意义是学生在阅读课堂上自主生成的核心关切，所以要强化意义为先的自主生成，以优化过程积极体验——自主生成的过程，就是主动与文本对话，进行自我协商、自主思辨、自主表达，并通过同伴互评开展生生对话，在会话中开展相互协商、评价同伴的自主学习过程；最终通过能够引发学生深度思考文本内涵、聚焦主题意义探究的"引导性问题"创造锚点，从上位视角对问题作出自己的解释、判断，探究主题，观照个体意义增殖，实现对文本的领悟。

　　需要看到的是，落实学生主动阅读的一种形式，就是让学生或先提问再阅读解疑，或阅读中提出问题再阅读解疑，或是二者结合。但学生自主阅读后的输出，常常是"碎片化"的：每位读者都有

> 教师如何帮助学生获得"结构化"的学习，是一个巨大的挑战。

自己关心的内容。所以，教师如何帮助学生获得"结构化"的学习，是一个巨大的挑战。教师可以设计学习任务单，可以在读前做"铺垫"，等等。这里就有一个矛盾：没有铺垫，学生可能不会阅读，或者是很"零碎"的阅读，又或者是阅读效率不高；另一方面，如果"铺垫"过多，学生的思维就会受到束缚。教师要根据文本难度、学生已有的阅读能力和阅读习惯，平衡这两个方面。

（四）表达思想

"教师所设计的以语言运用为落脚点、以实现思维训练为导向的学习活动，使学生在活动的过程中体验语言重构、再生，理解作者语言中显隐性的思想体现，并能够迁移内化为自身的语言再创造和思维再升华"（马瑾辰，2022：11）。

学生在经历细节整理、概念化与结构化的过程中，回应输入。在学完所给语篇后，教师需要用好所设计的"出口任务"，为学生提供足够的思考空间和时间，鼓励他们独立思考，形成自己的见解

> 学生在学完所给语篇后，用目标语言创造性地表达新思想，展现个人见解和创造力。

和观点，通过写作、口头报告等形式，用目标语言创造性地表达新思想，展现个人见解和创造力。这样的任务，可以是一篇完整的"文章"，也可以是连续的几句话。"出口任务"的核心，是要让学生有机会基于文本主题意义，运用所学语言和文本框架，使用连贯的语言表达连贯且相对完整的意义，无论是对研读语料的概要、源于研读语料某个"点"（信息或者语言）的评价或看法，还是就与文本相关的、超越文本、向课外延伸拓展的内容用英语进行表述。

（五）平衡责任

> 平衡师生责任，即促进学生主动参与。

促进学生主动学习的阅读课堂教学中，师生角色的动态调整与责任的动态平衡是极其重要的议题。平衡师生责任，即促进学生主动

参与。

　　"学习者需要接受挑战,但需要支持和帮助才能有所成就"(Chien,2013:22)。重新定位教师角色和学生责任是真正落实学生自主学习的基础(葛炳芳,2023:7)。总体而言,教师自然要比学生懂得更多。例如,Fillmore & Snow(2018:14)认为,教师作为"交流者(communicator)、教育者(educator)、评价者(evaluator)、受过教育的人(educated human being)、社会化的中介(agent of socialization)",需要比学生有更多的语言知识,以承担起教师的职责。但是,教师并不总是"先知"或"先觉"。学生的潜力无限。因而,在英语阅读教学中,教师要最大限度地发挥学生的主动性,依托文本材料、学生生活经历、学习任务单和教学活动,建立起积极的、合作的、互动的学习文化,提升参与度;设计独立加工信息和独立思考的学习活动,在讨论、深度探究甚至创造性的活动中训练语言技能、提升学习策略、解决问题,甚至是为解决复杂问题时"挣扎"或者作出"抉择",真正"卷入"学生,帮助他们有机会模仿或者用自己的语言表达相关的思维成果,促进主动学习能力的发展,实现有效迁移。

　　学生学习的过程大致经历"接受""回应""内化""人格化"的过程。从"教师角色与学生责任"的视角看,"依据任务的复杂程度和学生自主能力所处的水平,大致将教师角色分为'协商者''组织者''激励者''共赏者',相应的学生责任则为'理解''评价''价值化''领悟'……因而,教师要以不同角色助力学生承担起学习的责任"(见图3.2,葛炳芳,2023:8)。教师要从单纯的知识传授者转而成为"融情创境、情意驱动"的支持者、"'扶''放'有度、多维互动"的赋能者、"学思而悟、共情'灵'动"的共赏

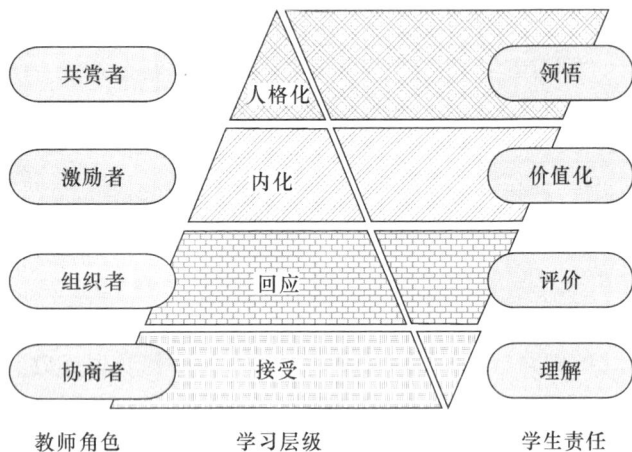

图 3.2　教师角色与学生责任（葛炳芳，2023:8）

者（张楠翁，2023:30-35），而学生有没有机会和能力成为并承担支持、赋能、赏识对象的角色和责任，是阅读教学过程中双方共同努力的方向。

"读者在阅读时会带着捕捉作者信息的意图去接近文本"（Mason *et al.*，2006:413）。优质的自主提问、优质的主动参与、优质的互动回应、优质的意义建构、优质的结构化成果、优质的情感体验、优质的能力提升和教学改进……都是怎么形成的？其中教师做了什么？学生做了什么？这些都与师生责任的互动有关。

在课堂实践中，蔡红（2024:26）提出了"主动学习视阈下英语阅读课堂教师角色的实现路径"。她认为，"首先，教师课前预设教学主线，基于主线启发学生提出问题；接着，教师基于学生的认知盲点，引导学生开展'对话式'主动阅读，以使学生在与文本、与作者、与同伴、与教师、与自我的多维对话中，形成关于文本的认知结构；然后，教师创设新的教学情境维持学生的学习动力，激发学生主动探究主题意义的欲望,丰富学生的认知体验;最后,教师设计体现教、学、评一体化的综合评价活动,并以欣赏学习成果的'姿态'参与评价,这既是对学生认知能力发展的评价,也是对教学主线的闭环式总结。"

需要注意的是,包括信任感在内的安全感、归属感、尊重感、方向感等都是真正的主动学习活动得以开展的前提和保障。因而,教师要以不同角色助力学生承担起学习的责任。

> 包括信任感在内的安全感、归属感、尊重感、方向感等都是真正的主动学习活动得以开展的前提和保障。因而,教师要以不同角色助力学生承担起学习的责任。

(六)主动参与

教师助力学生承担起学习责任的过程,就是促成学生主动参与学习活动的过程。学生自主提问、回应所学、表达思想等,都是参与的表现。但他们是主动参与还是被动参与? 学生参与的主动性,与他们的语言能力本身有关,与他们的个性有关,更与课堂教学的评价有关。

促进学生参与,还有"社会性"的一面,"主要包括情感支持、工具支持、信息支持和评价支持。情感支持指的是关心、信任、尊重个体,与个体共情;工具支持指的是为个体提供有用的或有形的资源或服务,如时间、财物及体力上的帮助等;信息支持指的是有助于个体解决问题的信息或建议等;评价支持指的是以建设性的批评和肯定的方式对个体开展评价的支持"(Ha et al.,2023,转引自徐钰,2024:32)。在指向主动学习能力培养的阅读课堂教学中,这些支持可以"助力主动发展高阶思维""推动主动建构信息块""促进主动关联新知""助力表达新思想"（徐钰，2024：33-37），其背后就是"师生责任平衡"。

"社会性"并非主动学习中影响学生主动参与的唯一因素，但它与活动参与的因素都有关联。这只是改进学生主动参与的一个观察视角。关注自主学习能力培养中的"社会性"，就是关注"积极学习情境—意义协商过程—结构化知识整理和出口任务设计"这个并非线性的轮回，关注这个"轮回"中各种变量的关联，"九九归一"，就是关注这个"轮回"背后的师生责任。

> 关注自主学习能力培养中的"社会性"，就是关注"积极学习情境—意义协商过程—结构化知识整理和出口任务设计"这个并非线性的轮回，关注这个"轮回"中各种变量的关联，"九九归一"，就是关注这个"轮回"背后的师生责任。

语言学习中的"社会性"视角，本质上蕴含了主动学习能力培养的不二路径。我们的课堂，由"教"与"学"的交互构成。"教"与"学"的交互本质上以"合作"为基础。如果"教"全然不"管学"，或者仅仅是形式上"管学"，而内容无法促进"学"，那么，"教会"和"学会"就无从谈起，学习者无法真正最大限度地在课堂中受益。"教学相长"也无从谈起。从这个意义上讲，随着学生自主学习能力的发展，"社会性"变量必然要涉及所有学习要素的合作与互动、学生学习的"安全感"和"教""学"双方的自我控制：平衡师生角色。

主动学习能力的培养思路，本质上蕴含了基于积极学习情境的意义协商过程。无论是 situation 还是 context，有利于学生主动思考的学习情境，总是以保障学习和思考的时间为底层基础，要求教师把握学习者需求及其学习起点，设计关联输入、输出的学习活动，把学习看成是学生积极回应和思考的过程,以意义加工和意义协商为学习情境创设和活动设计的逻辑,把语言学习和意义加工有机结合起来。这种非线性的"交互",是"社会性"视角的又一考量。

  积极学习情境的创设,本质上蕴含了相应活动设计中基于意义协商的结构化知识整理和出口任务设计的逻辑。积极的学习情境以学习活动为载体得以呈现,互动中的意义协商必然影响学习成果。而互动必须基于意义协商。换言之,互动必须有内容基础。学习过程中的社会性,就是学习者与教师、同伴、作者、自身已有的认知甚至整个世界的互动。学习者在这个互动中,从细节加工到概念形成,从提炼概念到形成结构,从理解内容到表达思想,无不告诉我们,意义协商的过程需要有概念和结构的加持。

第四章

主动学习视阈下英语
阅读课堂教学课例①

本课例由浙江省杭州第二中学钱江学校马瑾辰老师执教。学生来自马老师任教班级。

一、文本剖析

本课例是人教版高中英语选择性必修第一册 Unit 4 Body Language—Reading and Thinking：*Listening to How Bodies Talk* 的教学实践。本文主要探讨身体语言在人际交往中的作用、不同文化中身体语言的差异以及部分具有普遍性意义的身体语言。语篇开篇强调在与他人互动时，身体语言和言语一样能表达思想观点，且能透露情感信息。本文后续段落举例说明了不同文化中如眼神交流、"OK"手势、"是"与"否"的手势、见面与分别时的肢体动作（如亲吻脸颊、握手、鞠躬、点头等）等身体语言

---

① 本章"文本剖析"由葛炳芳、马瑾辰合写，"课例评析"由葛炳芳撰写，其余内容由马瑾辰撰写。

的差异(第 2 至 4 段);指出部分身体语言具有全球通用的含义,如表示"睡觉"和"吃饱了"的动作(第 5 段);阐述了微笑这一身体语言具有多种用途,能帮助应对困境、结交朋友、打破隔阂等,还可用于道歉、问候、求助、开启对话,并且对着镜子微笑能改善自身情绪(第 6 段)。本文文体较为明显,属于说明性文本,用词较为通俗易懂,多使用常见词汇来描述身体语言相关的动作和概念,如"stand" "hold" "move" "gesture"等,便于学生理解。在阐述不同文化中身体语言差异时,多采用"in some countries… in other countries…"这样的并列结构,使不同文化的对比清晰明了。该语篇主要运用举例说明的手法,通过大量具体的实例,如不同国家对于眼神接触、"OK"手势等的不同态度和理解,生动形象地展现了身体语言的文化差异性,让抽象的身体语言概念变得具体可感,增强了文章的说服力和可读性。

下面以表格形式,对单元标题、引言、板块标题下的课文进行详细解读。

表 4.1　文本解读

Unit 4 Body Language What I hide by my language, my body utters. —Roland Barthes	The **unit title** is a noun phrase. Related to the issue of " body language" are probably questions to begin with "What" "When" "Why" "How" "Where" and even "So what". The **quote** on the Opening Page brings up even more thought-provoking issues like, say, the relationship between " What is hidden by a person's [verbal] language?" and " What is 'ultimately' uttered or revealed?", which could also bring expectations to learn the unit.

Reading and Thinking: Understand body language	To "understand body language", students need to learn how to express commonly used body language in English, *eg.* a gesture meaning "OK" can be referred to as "the gesture for 'OK'" (in the text), or described as the sign of "touching the tips of your index finger and thumb to form a circle, with the other three fingers extended or slightly curved". To understand means to be able to make meaning out of a person's gestures and/or facial expressions, and more importantly, to express this understanding in English. So, what's the connection between this "exit task indicator" and the text to read?
Choose five sentences and act them out without speaking. Can your partner guess what you are trying to communicate? Hello! I'm surprised! I'm happy!! Goodbye! I'm tired. I'm upset! Come here! I'm confused. I'm sad! Go away! OK! I forgot! Too expensive! Good luck! You're great! Read the text and fill in the table on page 39!	This warm-up activity **aims** to establish a sense of connection between body language and the meaning it can convey. But what is in between is to get the meaning conveyed in English, both the body language itself and the corresponding meaning. This is actually a key focus of this part.

LISTENING TO HOW BODIES TALK	**1. Can bodies "talk"?** Yes, at least in a personified sense. Bodies convey information like intentions, feelings, attitudes and so on. Since they talk, you "listen" through observation. **2. How do you understand the title?** **How:** describing body language in English, *eg.*: bowing from the waist, placing your hands togcther and resting them on the side of your head while closing your eyes. **Listening to:** expressions related to "understanding body language", *eg.*: interpret, witness. **Talk:** expressions related to "expressing ideas using body language", *eg.*: display, demonstrate. If we make a **connection** between this title and the exit task indicator, it can go like this: *Understand body language by listening to how bodies talk.*

[1] We use both words and body language to express our thoughts and opinions in our interactions with other people. We can learn a lot about what people are thinking by watching their body language. Words are important, but the way people stand, hold their arms, and move their hands can also give us information about their feelings.

1. **According to the first sentence, what is normal when we communicate?**
Using both words and body language.

2. **In what ways is body language so important?**
It conveys people's thoughts and feelings. / People's gestures and facial expressions can hardly hide their thoughts and feelings.

3. **What does the writer think of words and body language in terms of "importance" in social interactions? How do you know that?**
(1) Both are indispensable. (2) Both are equally important. (3) It is body language that the writer wants to highlight in this passage. The words like "both" "but" "also" show the logical relations.

4. **How do you understand the word "interactions" in the first sentence?**
It is what really matters behind language, verbal or non-verbal. It could be highlighting the thematic meaning of this passage. The first sentence actually serves as the topic sentence of both this paragraph and the whole passage.

[2] Just like spoken language, body language varies from culture to culture. The crucial thing is using body language in a way that is appropriate to the culture you are in. For example, making eye contact—looking into someone's eyes — in some countries is a way to display interest. In other countries, by contrast, eye contact is not always approved of. For example, in many Middle Eastern countries, men and women are not socially permitted to make eye contact. In Japan, it may demonstrate respect to look down when talking to an older person.

1. **Which is the topic sentence of this paragraph?**
The first sentence. The following lines are about two words "culture" (context) and " varies " (meanings in communication: "listen to" and "talk").
2. **What is a critical issue in this regard?**
Using body language that is suitable and acceptable for the particular community where communication is taking place (the culture you are in).
3. **What is discussed to support the topic sentence?**
The writer uses the example [for example] of " making eye contact" to show "variation" [by contrast]. "Displaying interest" is seemingly " universal", but what happens in the Middle East and in Japan?
4. **List the body language expressions for "expressing" and "understanding", as well as the discourse markers.**
Eg. : (1) making eye contact, looking into someone's eyes; (2a) is not always approved of; (2b) display, demonstrate; (3) just like …, The crucial thing is…, in a way that …, for example, in some countries, by contrast, when…

[3] The gesture for "OK" has different meanings in different cultures. In Japan, someone who witnesses another person employing the gesture might think it means money. In France, a person encountering an identical gesture may interpret it as meaning zero. However, you should avoid making this gesture in Brazil and Germany, as it is not considered polite.

1. Which is the topic sentence of this paragraph?

The first sentence. In fact, this paragraph goes on to explain "varies from culture to culture" (as shown in Paragraph 2). The first sentence tells the body language to be discussed is "the gesture for 'OK'".

2. How is the first sentence supported?

By contrasting cases in different cultures. (Japan, France, Brazil, and Germany.) Of course, as implied in the first sentence, this gesture means "OK" in most cultures all over the world.

3. Which case surprises you most? Why?

Answers may vary.

4. List the body language expressions for "expressing" and "understanding", as well as the discourse markers.

Eg.: (1) the gesture for "OK", an identical gesture; (2a) has different meanings, witness, encounter, interpret … as meaning …; is not considered polite; (2b) mean; (3) in different cultures, in Japan, in France, in Brazil and Germany, however …

[4] Even the gestures we use for "yes" and "no" differ around the world. In many countries, shaking one's head means "no", and nodding means "yes". By comparison, in Bulgaria and southern Albania, the gestures have the opposite meaning. There are also differences in how we touch each other, how close we stand to someone we are talking to, and how we act when we meet or part. In countries like France and Russia, people may kiss their friends on the cheek when they meet. Elsewhere, people favour shaking hands, bowing from the waist, or nodding the head when they meet someone else.

1. Which is the topic sentence of this paragraph?
There's no one sentence functioning as the "topic sentence". While it still goes on to explain "varies from culture to culture" (as shown in Paragraph 2), this paragraph tells the reader that the same meaning can be conveyed with strikingly different body language.

2. How do you understand "by comparison" in the third sentence?
The author compares the gestures for "yes" and "no" in many countries with those in Bulgaria and southern Albania. "By contrast" can also be used in this case.

3. Which case surprises you most? Why?
Answers may vary.

4. List the body language expressions for "expressing" and "understanding", as well as the discourse markers.
Eg.: (1) the gestures for "yes" and "no", shaking/nodding one's head, touch each other, how close we stand to someone ⋯ (2a) have the opposite meaning, is not considered polite; (2b) means; (3) even, by comparison, in Bulgaria and southern Albania, there are also ⋯, in countries like France and Russia, elsewhere, ⋯

[5] Some gestures seem to have the same meaning everywhere. Placing your hands together and resting them on the side of your head while closing your eyes means "sleep". A good way of saying "I am full" is moving your hand in circles over your stomach after a meal.	**1. Which is the topic sentence of this paragraph?** The first sentence. Some gestures can universally be understood. **2. How is the topic sentence supported?** The writer uses two examples (Body language expressing "sleep" and "I am full".). **3. In what way can this paragraph be important?** It tells about the fact that humans actually share lots of gestures. If this is the case, humans can seek and share common ground, crossing boundaries in intercultural communications. **4. List the body language expressions for "expressing" and "understanding", as well as the discourse markers.** *Eg.*：（1）placing your hands together and resting them on the side of your head while closing your eyes, moving your hand in circles over your stomach after a meal；（2）means, a good way of saying…；（3）everywhere…

〔6〕 Some body language has many different uses. Perhaps the best example is smiling. A smile can help us get through difficult situations and find friends in a world of strangers. A smile can break down barriers. We can use a smile to apologise, to greet someone, to ask for help, or to start a conversation. Experts suggest smiling at yourself in the mirror to make yourself feel happier and stronger. And if we are feeling down or lonely, there is nothing better than seeing the smiling face of a good friend.

1. Which is the topic sentence of this paragraph?
The first sentence. Some gestures can convey lots of meanings across cultures.

2. How is the topic sentence supported?
The writer uses "smiling" as an example to be coupled with expert ideas.

3. What different uses of smiling are recognised in this paragraph?
To live through difficult times, develop friendships when meeting people for the first time, break down barriers, apologise, greet someone, ask for help, or start a conversation, and even relax ourselves especially when we are in a mood.

4. What does the writer say about smiling at oneself in a looking-glass?
It is an expert opinion that smiling at oneself in a looking glass can cheer him/her up.

Putting it together

1. How is the passage structured?

Part 1（Para. 1）: Topic paragraph. Body language: the phenomenon and function (interactions).

Part 2（Paras. 2－4）: Feature 1: Body language that varies across cultures

Part 3（Para. 5）: Feature 2: Body language that means similarly across cultures

Part 4（Para. 6）: Feature 3: Single gestures that have various uses but are universal across cultures

On the whole, the passage goes like this: Functions (of body language)－differences－similarities and identity (sameness)

2. How is each feature discussed?

Each feature is typically introduced following the "topic sentence — explanation — example (s)" pattern, sometimes with listing (the uses), and comparison and contrast.

● Paragraph 2 proceeds this way: ① (meaning Sentence 1) Topic sentence—② Focusing—③ example + Sub-point 1－④ Sub-point 2 (Counter-point for contrast)—⑤ Example 2－⑥ Example 3

● Paragraph 3 proceeds this way: ① Topic sentence － ② Point 1 + Example 1－③ Point 2 + Example 2－④ Point 3 + Example 3

● Paragraph 4 proceeds this way: ① Point 1－② Sub-point 1 －③ Sub-point 2 + Example－④ Point 2－⑤ Sub-point 1 (of Point 2) + Example－ ⑥ Sub-point 2 + Example

● Paragraph 5 proceeds this way: ① Topic sentence － ② Example 1－③ Example 2

● Paragraph 6 proceeds this way: ① Topic sentence － ② Focusing－③ Example 1－④ Example 2－⑤ Example 3－ ⑥ Sub-point 1－ ⑦ Sub-point 2

3. Why is it essential to understand cross-cultural body language for global communication?

Because it helps avoid misunderstandings, build rapport, and foster stronger relationships, thus achieving effective interactions.

4. How is the present text related to the quote on the Opening Page of this unit?

As the quote goes, "What I hide by my language, my body utters." (By Roland Barthes.) It highlights the indispensable role of body language in all communications, whether the communicators realise it or not.

5. How can "language points" be "grouped"?

In reading instruction, we teach language instead of "language points". The major difference lies in how well meaning is incorporated in understanding and using language to express thoughts.

Four categories of language items can be located.

（1）**Language to describe "body language"**

eg.：the gesture for "OK"，how close we stand to someone we are talking to…

（2）**Language to express "listen to（understand body language）"**

eg.：encounter；interpret；witness；think…

（3）**Language to describe "talk（use body language to convey meaning）"**

eg.：demonstrate；mean；apologise；ask for；display；make…feel happier and stronger；help…get through…

（4）**Discourse markers**

eg.：by contrast；by comparison；both…and…；but；also；for example；in many（Middle Eastern）countries；a good way of…

（5）**Language to highlight the theme**

interactions；to express our thoughts in our interactions with other people；vary from culture to culture；socially（permitted）…

从上面的分析可以看出，语篇开头提出身体语言在人际交往中的重要性以及与文化相关的观点，中间分别从不同身体语言在不同文化中的差异和部分通用身体语言两个方面进行详细阐述，结尾强调微笑这一特殊身体语言的多种作用并总结全文，使学生对身体语言在不同层面的表现有全面的认识。语篇在阐述不同文化身体语言差异时，通过对多个国家的具体身体语言表现进行归纳总结，得出身体语言具有文化多样性的结论；同时将不同国家对于同一身体语言的不同理解和做法进行对比，突出文化差异对身体语言解读的影响，帮助学生更好地理解身体语言在跨文化交流中的复杂性。

二、课时目标

学生通过本课时共 80 分钟的学习，能够做到：

1.通过对标题与插图信息的自主解读，激活对于身体语言的已有认知，并对全文要点进行预测，为主动阅读做好铺垫，从而形成对文本有依据的预测意识，提高自主梳理信息的能力。

2. 通过静默阅读，提取、梳理、整合文本中身体语言的相关信息，并将这些零散信息结构化整合，探究作者行文逻辑，判断文本类型，理解说明文类型语篇中的文本结构与语言风格。

3. 通过分析标题中的暗喻手法，整合文本中 listening 与 talk 的相关表达；在讨论作者写作目的的过程中，体会"倾听（理解）"与"表达（传递）"作为交际过程的不可分割性。

4. 通过对本单元开篇引言的解读，结合课堂所学内容进行小组探究：身体语言在跨文化交流中作为言语补充的功能；成为良好倾听者和得体表达者需要拥有的基本素养，并内化迁移至真实的人际交往中。

三、设计思路

在热身环节，学生表演句子描述的身体语言和观察图片，直观感受身体语言在表达情感和传递信息方面的作用，从而方便教师自然地引出本节课的主题——身体语言，激发学生对身体语言的兴趣，为后续学习做好情感和认知上的铺垫。在自主预测与提问环节，教师想要培养学生根据标题和插图等文本线索进行预测的能力，激发学生的好奇心和主动探索精神，促使学生积极思考与文本相关的问题，为后续的阅读活动确定方向，提高阅读的针对性和有效性。在阅读语篇的过程中，学生梳理不同身体语言的类型、含义和使用文化等信息，构建关于身体语言知识的结构化体系，同时教师需要引导学生分析文本结构和类型，提升学生对说明文文体特征的认识。

在迁移产出的预备阶段,教师通过引导学生分析文本中不同身体语言在不同文化中的差异以及相同身体语言在不同情境下的不同用法,带领学生深入思考文化差异对身体语言的影响,培养学生的跨文化意识和批判性思维能力,同时让学生理解身体语言的多样性和复杂性,以及作者通过举例说明这些差异和用法来传达文化多样性和跨文化交流重要性的写作目的。

学生选择文本中印象最深刻的身体语言进行分析,讨论其在不同文化中的差异和相似之处,并阐述自己的观点;教师引导学生深入思考文化差异背后的原因,探讨"talk"和"listen"在身体语言中的含义,以及在身体语言交流中所使用的感官。基于对文本的理解,引导学生将所学知识迁移到实际的跨文化交流情境中,培养学生在多元文化环境中正确运用身体语言进行有效沟通的策略意识,提高学生的跨文化交际能力,同时加深学生对文本教育意义的理解,即让学生明白了解和尊重不同文化中的身体语言规范对于避免误解、促进交流的重要性。

四、教学过程

Activity 1: "Body language games"

This activity is designed to prepare for Aim 1.

Step 1. The teacher asks three students to act out three different sentences while the rest of the class guesses the content of those sentences.

> **Sentences to act out：**
> - I want to drink a cup of milk.
> - I failed my test.
> - I saw a pretty girl and I think I am in love.

Step 2. The teacher shows a picture of a mom kissing her baby and asks students to describe their body language and predict the emotion shared between the two.

S1：There is deep love between the mom and her baby. The mom cares for her baby and worries if，for example，she falls，because I can see the mom holding her baby tightly and kissing her baby's cheek.

T：A meticulous and insightful perspective! In the guessing game，we experienced how our body motions to convey messages；that is，how bodies talk. And from this mother-and-baby picture，we read the feelings hidden behind the image；that is how we listen to bodies talk. Today，we will journey through the world of body language!

【说明】通过让学生参与表演句子和观察图片的活动，以生动有趣的方式引入课程主题"身体语言"。这种情境化的导入能够迅速吸引学生的注意力，激发他们对本节课内容的兴趣，使学生在轻松愉快的氛围中开启学习之旅。教师激活学生对身体语言概念的初步感知：表演句子的环节让学生亲身经历身体动作如何传递信息，使他们直观地感受到身体语言在日常生活中的存在和作用，从而初步理解身体语言的概念，即身体可以像语言一样表达思想和情感。观察妈妈亲吻宝宝图片的活动则引导学生关注身体语言背后所隐藏的情感，让学生明白我们不仅可以用身体语言表达自己，还可以通过观察他人的身体语言来理解他们的内心感受，为后续深入学习身体语言在人际交往中的作用奠定基础。

Activity 2：Before reading，asking questions about what to cover on the "body language" issue

This activity is designed for Aim 1, and also in preparation for Aim 2.

Step 1. The teacher shows students the text's title and the illustration，then asks them to predict what might be discussed in the text.

T：What will be discussed according to the title *Listening to How Bodies Talk* and the illustration?

Students came up with the following questions in class：

Q1：What is body language? What can we do with it? (function & usage)

Q2：What kind of body language is mentioned in the text? (types of body language)

Q3：What is the meaning of some certain body language? (meaning)

Q4：Under which culture is the body language mentioned used? (cultures)

Q5：Are there any differences or similarities in body language usage between countries? (differences & similarities)

Q6：How do you use body language to express yourself? (manner)

The teacher writes down the questions raised by students on the blackboard and guides them in summarizing the conceptual terms.

【说明】依据"自主提问是培养学生主动学习能力的重要途径"这一理论核心,本活动旨在通过让学生在阅读前基于文本标题和插图进行自主提问,激发学生的好奇心与求知欲,使其成为学习的主动探索者。正如学者所强调的,学生提问在成功学习、有效理解及社会情感支持中占据基础地位,在阅读教学中具有核心意义。教师展示"Listening to How Bodies Talk"这一标题和相关插图,给予学生视觉与思维的触发点。标题中的关键元素"Bodies Talk"以及插图中的人物动作等线索,能够激活学生已有的身体语言相关图式知识,促使他们依据有限信息进行大胆预测,进而提出问题。这一过程符合学生依据已有图式和有限线索开展预测性提问的理论,有助于培养学生从已知走向未知的探索能力,使其从课堂伊始便主动参与到文本解读中。学生提出的一系列问题,如关于身体语言的功能、类型、意义、文化背景等方面,教师认真记录在黑板上。这一行为不仅仅是对学生提问的简单记录,更是对学生主动思考成果的尊重与认可,为学生营造了积极的提问氛围。同时,教师鼓励其他学生在已有问题的基础上进一步思考,激发更多元化的问题产生,培养学生思维的开放性与灵活性。在学生完成提问后,教师引导学生对问题进行梳理总结,找出其中的关键概念性术语,如"body language""function""culture"等。这一过程是帮助学生将零散的问题进行结构化整合,初步构建关于身体语言知识体系的框架,为后续深入理解文本内容奠定了基础。

Activity 3: Self-directed reading to probe into the passage

This activity is designed to prepare for Aim 2.

Step 1. For 10 minutes, students read the passage without interruption. Students locate the answers to their predicted questions.

Step 2: Probe into the use of body language.

i. Q1: What is body language?

Students read the first paragraph, underline the phrases and sentences, and analyze the function of body language.

S: According to the first paragraph, body language can *express our thoughts and opinions*; *we learn a lot about what people are thinking through body language*; and it *gives us information about people's feelings*.

The teacher underlines these three sentences and highlights the words: *express*, *learn* and *give*.

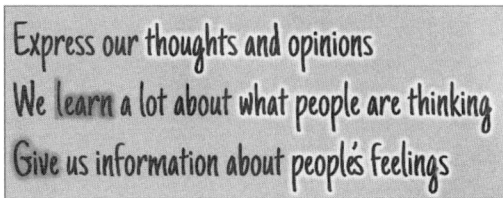

图 4.1 学生挖掘的文本中的身体语言功能

ii. Direct answers for Q2—Q4

While students read the text, they filled out the form in order to comb through the informative paragraphs (Paras. 2—5).

Q2: What kind of body language is mentioned in

the text? (types of body language)

Q3: What is the meaning of some certain body language? (meaning)

Q4: Under which culture is the body language mentioned used? (cultures)

Body Language	Meaning	Cultures (Country/ Region)
Eye contact	Displays interest	Some countries
	Not socially permitted (in the case between men and women)	Many Middle Eastern countries
	Demonstrates respect to look down (when talking to an older person)	Japan
"OK" gesture	Means money	Japan
	Means "zero"	France
	Not considered polite	Brazil and Germany
Nodding or shaking one's head	Means "yes" or "no"	Many countries
	Means the opposite	Bulgaria and southern Albania
Kissing on the cheek	Greets	France and Russia
Shaking hands, bowing from the waist, or nodding the head		Elsewhere
Placing hands together and resting them on the side of the head while closing eyes	Means "sleep"	Everywhere

Body Language	Meaning	Cultures（Country/Region）
Moving your hand in circles over your stomach	Says "I am full"	Everywhere
Smile	Get through difficult situations；find friends；break down barriers；apologise；greet；ask for help；start a conversation；make yourself feel happier and stronger	Everywhere

【说明】本活动设计旨在通过阅读与探究活动,培养学生的主动学习能力,使学生在与文本、教师和同伴的交互中深入理解身体语言相关知识,提高跨文化交际意识。这一目标与阅读教学中回应所学、意义关联和交互性的理论紧密结合。学生在阅读关于身体语言的文章时,需回应文本输入,将文中信息与已有认知建立联系,通过互动不断深化对身体语言在不同文化中意义和功能的理解,从而实现从知识获取到能力提升的转变。

自主阅读(Step 1):给予学生 10 分钟独自阅读时间,让学生在不受干扰的情况下与文本进行初次交互。学生通过自主阅读尝试定位预测问题的答案,这一过程是学生主动回应文本信息的开始。他们在阅读中初步理解文章内容,启动意义加工,为后续深入探究奠定基础。这符合学生在阅读中通过回应输入,积极思考,逐步建立意义关联的理论要求。

身体语言功能探究(Step 2-i):针对"身体语言是什

么"这一问题，学生阅读第一段并分析相关短语和句子功能。这促使学生深入挖掘文本，精准提取描述身体语言功能的关键信息，如"express our thoughts and opinions"等。教师通过强调关键词，引导学生进一步理解身体语言的核心功能。小组讨论和全班分享环节增强了学生之间的交互，学生在交流中回应同伴观点，分享自己的理解，拓宽思维视野，强化了对身体语言功能的意义关联。这种从个体思考到小组互动再到全班交流的过程，充分体现了交互性在阅读教学中的重要作用，推动学生在互动中不断深化对知识的理解。

身体语言信息梳理（Step 2-ii）：学生阅读文章第 2 至 5 段并填写表格，梳理身体语言的类型、含义和文化内涵。这要求学生细致分析文本，准确分类和整合信息，建立起不同身体语言与其文化内涵之间的联系，是学生进行意义建构的重要环节。在个人填写与小组核对过程中，学生之间相互回应，共同解决问题，进一步优化对信息的理解和关联。这一过程不仅提高了学生的信息处理能力，还促进了学生之间的积极互动，使他们在合作中更好地理解身体语言在多元文化中的差异和特点。

iii. Based on Q5，probe into the text type and its structure.

The teacher puts the complete form on the slide and leads students to discuss the text type.

T：You see，the passage introduced a lot of body language to you. So，what is the type of this passage?

S：It's an introduction to body language. It's an exposition.

T：What does an exposition usually contain? Let

me share one definition of it with you: An exposition refers to the explanation and clarification of an idea; it usually explains or clarifies an idea and involves presenting information in a clear and organized way. The function of an exposition *is to inform and to explain*.

T: Okay, now a question for you: What does this passage inform you?

S (*Richard*): The first paragraph is an introduction or a definition. And the second part, from the second, third to the fourth paragraphs, conveys some examples of body language under different cultures. It says that ***body language varies from culture to culture***. The third part is the fifth paragraph. It demonstrates the similarities. ***Some gestures seem to have the same meaning everywhere***. The last paragraph talks about the different uses of one kind of body language. ***Some body language has many different uses***.

T: Thank you, Richard. You will have my pen here. Please draw the structure of the passage, thank you very much.

S (*Richard*): Para. 1 — Paras. 2 - 4 — Para. 5 — Para. 6.

【说明】文本类型与结构探究(Step 2-iii):教师引导学生通过观察完整表格,讨论文章类型。学生依据文章对身体语言的介绍、举例、对比异同及阐述多种用途等内容,判断文章为说明文。教师进一步解释说明文的定义和功能,加深学生对文本类型的理解。随后学生分析文章结构,明确各段落的作用,如第 1 段引入定义,第 2 至

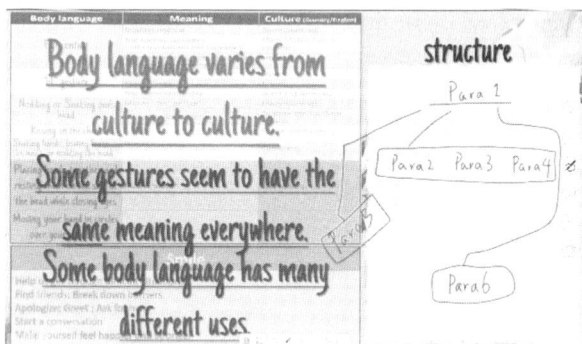

图 4.2　学生 Richard 所画本文结构

4 段阐述文化差异，第 5 段说明相似之处，第 6 段探讨身体语言的不同用途。这一过程使学生从整体上把握文章脉络，理解作者的写作思路，有助于学生更好地理解文章内容的组织方式，进一步提升他们对文本的意义关联能力。在师生互动、生生互动中，学生积极回应教师提问，参与讨论，不断修正和完善自己对文章结构的理解，实现了高质量的交互。通过上述一系列活动，学生在自主阅读和互动探究中不断锻炼自主学习能力。他们学会如何从文本中获取关键信息，分析信息之间的关系，并将其与自己的知识经验相结合，从而深入理解身体语言在不同文化中的丰富内涵。在小组合作和全班讨论中，学生的合作能力、沟通能力和批判性思维能力得到提升。他们能够倾听他人观点，表达自己的想法，共同探讨问题，对身体语言的文化差异进行深入分析，避免简单的文化刻板印象。同时，学生对文化差异的敏感性和跨文化交际意识也在活动中逐渐增强，为今后在跨文化交流场景中准确理解和运用身体语言奠定了坚实的基础。

　　整个 Activity 3 的设计始终围绕学生主动学习能力的培养，遵循阅读教学中回应所学、意义关联和交互性相互促进的理论逻辑。学生在各个活动环节中积极回应输入，通过互动不断建立和丰富意义关联，进而提升交互质量，形成良性循环。这种设计方式确保了学生在阅读活动中不是被动地接受知识，而是主动地参与到知识的建构和能力的培养过程中，真正实现了阅读教学对学生综合素养的提升目标。

Activity 4：Probing into the writing purpose of the text

This activity is designed to prepare for Aim 3.

Step 1. The teacher asks students to select the most impressive body language introduction in the text and analyze the differences and similarities in body language introduced in the text and elaborate on their views.

T：Let's come back to the passage. Which body language impresses you the most and why would you like to comment on it?

Students spend about 5 minutes thinking about the question and then discuss it in groups of four.

S（Molly）：Making eye contact, in some countries, is a way to display interest, but in contrast, in other countries, it is not always approved of.

T：What does that mean, *not always approved of*? In this case, do you think those people agree that you can make eye contact, or do you think they disagree with it?

Ss：Disagree.

T：They disagree with making eye contact；right，they do not approve of this action.

S（Molly）：In many Middle Eastern countries,

men and women are not socially permitted to make eye contact. And in Japan, it may demonstrate respect to look down when talking to an older person. I found it hard to agree with those Middle Eastern people. You cannot look at them, because you are a girl. Even when I have a conversation with a boy, I think making eye contact is a way to show respect.

T: In our culture, we think it's respect when we talk, we look at each other, right? But in their culture, they think it's not polite and not acceptable. This is what we call cultural difference. How about the Japanese? When you're talking to a senior, you have to look down, to show your respect. What is the difference between the Middle Easterners and the Japanese?

S (*Molly*): For example, in the Middle East, they have this conversation, or they have their social moves based on gender, but in this case in Japan, they have this manner based on age, whether you are a junior or senior. I think cultural differences are very interesting. We have different references; we have different stories to tell.

T: Thank you, Molly. I believe you have a very inclusive mind and make an effort to understand other cultures. How about you? What do you want to say?

S (*Jason*): In Japan, someone who witnesses another person employing the gesture might think the gesture for "OK" means money. In France, a person encountering an identical gesture may interpret it as meaning zero. In Brazil and Germany, it is not considered polite.

T: Okay, what does this mean? Other people *employ* the gesture.

Ss: To use the gesture.

T: Good, very good. Do you think those differences are as serious as the previous one?

S (*Jason*): I don't think it is serious. Probably *it's just our different habits* in different cultures. I just think how interesting it is to use commonly seen body language in different cultural contexts. It will cause a huge misunderstanding.

T: What do we do when we want to say "money" in China?

(Jason and other students show the "money" gesture and laugh.)

S (*Tom*): Even the gestures we use for "yes" and "no" differ around the world. In many countries, shaking one's head means "no", and nodding means "yes". But in Bulgaria and southern Albania, it has the opposite meaning. So, if they want to say "yes", they shake their heads. What if they want to say "no" —Do they nod? Very confusing, right? I think you should pay attention that if you travel to those two countries one day, do not use head gestures to communicate, you could get misunderstood. I think it's also a matter of habit.

T: I agree. Sometimes a habitual issue can cause confusion. But we can always find ways to clarify things. What else do you want to share with us?

S (*Winnie*)：To touch each other. In France and Russia，people may kiss their friends on the cheek when they meet. Elsewhere，people favor shaking hands，bowing from the waist，or nodding their heads when they meet someone else.

T：Where is elsewhere?

S (*Winnie*)：Maybe Asia? It doesn't really matter，but France，Russia，and other nations，have two different sets of greeting customs. In France and Russia，they prefer to kiss each other on the cheeks probably，maybe once，or probably twice or even three times. But elsewhere people favor shaking hands or bowing.

T：So can you tell us the differences between these two sets of ways?

S (*Winnie*)：I think，um like shaking hands，bowing from the waist，and nodding，they are in the same group，the same system of greeting people. But to Russians and the French，it's a different system，they are accustomed to kissing，and they have closer interactions with people. They could probably be more outgoing and open. They love to touch each other to show their passion or to show their happiness when meeting each other，but the rest of us like us Chinese or Japanese we're more reserved.

T：These differences can be attributed to cultural backgrounds，what we have learned from our ancestors，and varying beliefs and values，which shape how we interact with one another. Let's talk about one body language with various usages. Have you ever used a smile in a situation where you smiled but meant differently? We will discuss in a group of four, and I'm very curious about the stories you share with us later.

T: A lot of you are smiling or laughing, I hope you mean it and enjoy this moment.

S (*Kim*): Well, when I took the chemistry test, I smiled angrily because I couldn't understand anything. But I have already quitted chemistry. Now I'm happy and have a real smile.

S (*He*): When I watched the Chinese national football team tournament, I smiled because they lost again. It's not a surprise anymore. It's just so hopeless.

T: (*laughs*) I understand. But we still have you guys right? Some of you are playing in our school football team; hopefully one day we will see our fellow classmates play football for our country, and that day we can smile genuinely and proudly.

S (*Sherry*): We smile because we try to cover our embarrassment. When my friends and I had our deal, we made an appointment to go out together, but she completely forgot this. She went out with someone else and they were having fun for the whole day; in addition, they came back, and sent me some photos. It is very sad, yeah. So, I just didn't say anything but smiled.

T: Okay, that is the end of our relationship. That's it. I don't have anything else to say. Like a smile, we use the same kind of gesture or facial expression to convey various feelings, right?

Students discussed the possible reasons behind the different usages of body language and generated a form as follows：

Body Language	Differences	Possible Reasons
Eye contact	• In the Middle East：Socially not permitted between men and women. • In Japan：Looking down when talking to the older shows respect.	• due to *the gender factor* • because of *the age factor* • In Chinese culture：Looking at each other during a conversation means respect，for *an understanding of good manners（etiquette）*.
"OK" gesture	• In Japan：May mean money. • In France：May be interpreted as zero. • In Brazil and Germany：Considered impolite.	• Reasons related to *different cultural understandings*.
Head movements for "yes" and "no"	• In most countries：Shaking head for "no" and nodding for "yes". • In Bulgaria and southern Albania：Opposite meaning.	• Caused by *unique cultural traditions*.

Body Language	Differences	Possible Reasons
Ways of meeting and greeting	• In France and Russia: Kissing on the cheek when meeting, more outgoing and open, closer interactions. • In other areas (like some Asian countries): Prefer shaking hands, bowing, and nodding.	• Influenced by *the cultural background of being more expressive.* • More reserved. Shaped by *cultural values of moderation.*
Smile	• During a chemistry test: an angry smile. • Watching the national football team play: a helpless or ironic smile. • To cover embarrassment: When friends break an appointment.	Individual reasons: • due to confusion in the test • because of poor performance • Caused by the need to hide negative emotions in social situations.

【说明】Activity 4 的活动设计围绕意义建构理论，旨在引导学生通过交互活动深入理解文本，挖掘身体语言背后的文化内涵，建立文本与自身经验及世界的联系，实现对文本意义的深度建构。教师引导学生分析身体语言差异与原因，选择印象最深刻的身体语言进行讨论，如眼神交流、"OK"手势、点头摇头、见面问候方式和微笑等。学生分享不同文化中这些身体语言的差异，如 Molly 提到眼神交流在中东国家男女之间不被允许，在日本与长辈交谈时低头表示尊重；Jason 指

出"OK"手势在不同国家有不同含义等。在这一过程中，学生积极参与讨论，从自身理解出发，分享观点，通过同伴间的交流和教师的引导，深入理解身体语言差异背后的文化因素，如性别、年龄、文化习惯和价值观等。这不仅有助于学生理解文本细节，还促使他们将这些细节与文化背景概念化，建立起身体语言与文化的联系，是意义建构的重要环节。在讨论过程中，学生的观点相互碰撞，这是意义协商的过程。例如，对于不同文化中身体语言差异的理解，有的学生认为某些差异源于独特的文化传统，有的学生则从文化背景和价值观的角度进行分析。这种多元观点的交流有助于学生从不同角度思考问题，加深对文本的理解，同时也锻炼了他们的批判性思维能力，符合意义加工中对文本进行整合、解释、批评和评估的要求。

Step 2：Discuss what senses "talk" and "listen" refer to.

The teacher displays the form that students completed in Activity 2 and highlights the words and expressions related to "talk". （图 4.3）

Body language	Meaning	Culture (Country/Region)
Eye contact	Displays interest	Some countries
	Not socially permitted (in the case between men and women)	Many Middle Eastern countries
	Demonstrates respect to look down (when talking to an older person)	Japan
"ok" gesture	Means "money"	Japan
	Means "zero"	France
	Not considered polite	Brazil and Germany
Nodding or Shaking one's head	Means "Yes" or "No"	Many countries
	Means the opposite	Bulgaria and southern Albania
Kissing on the cheek	Greets	France and Russia
Shaking hands, bowing from the waist, or nodding the head		Elsewhere
Placing hands together and resting them on the side of the head while closing eyes	Means "sleep"	Everywhere
Moving your hand in circles over your stomach	Says "I am full"	Everywhere

图 4.3 身体语言及与"表达"相关的词语

T：Now can you locate more expressions related to "talk" and "listen"?

Ss：

Talk	Listen
● express； ● give； ● display； ● demonstrate； ● mean； ● greet； ● say； ● help… get through； ● find； ● break down； ● apologise； ● ask for； ● start； ● make… feel happier and stronger	● learn； ● watch； ● witness； ● think； ● encounter； ● interpret

T：What senses do we use to "talk" and what senses do we use to "listen"?

S（*Richard*）：We use our gestures and postures to "talk" with body language and we use our eyes to "listen" to body language.

S（*Jason*）：To "talk" with body language，we employ movements of our hands and bodies，and to "listen"，we rely on observing the overall body stance and expressions，most importantly with heartful respect. We "listen" by paying attention to others' body positions and actions and analyzing useful information through thinking.

【说明】教师展示 Activity 2 中完成的表格，引导学生找出与"talk"和"listen"相关的表达，进而探讨在身体语言中如何用身体"talk"和"listen"。这一环节促使学生从身体语言的角度重新审视文本内容，将之前对身体语言的理解进行结构化整理。例如，学生认识到用手势、姿势、身体动作等"talk"，用眼睛观察、用心尊重、分析他人身体姿态和表情等"listen"。通过这种方式，学生进一步梳理了身体语言的表达和理解方式，将分散的身体语言信息整合为关于"talk"和"listen"的系统概念，加深了对身体语言作为一种交流方式的整体理解，实现了基于细节梳理的概念化和结构化。整个活动设计有助于培养学生的主动学习能力。学生在讨论身体语言差异和含义的过程中，自主思考、积极发言，不断关联自己的观点和经验，这是主动与文本对话、进行自我协商和自主思辨的过程。例如，在分享微笑的不同含义时，学生结合自身经历，如考试、看球赛、朋友失约等情境，深入理解微笑在不同情境下的多种意义，这体现了学生对文本意义的自主生成。在活动设计中,教师充分考虑了文本逻辑和理解逻辑的平衡。教师引导学生从文本中找出身体语言的各种表现形式及其文化含义,这是基于文本逻辑的教学引导;同时,鼓励学生分享自己的看法和经历,从自身理解出发探讨身体语言,体现了对学生理解逻辑的尊重。例如,在讨论身体语言差异时,教师没有直接给出答案,而是通过提问引导学生思考,让学生在互动中逐渐理解文化差异的复杂性。

Activity 5: Discussing the appropriate usage of body language in intercultural communication based on the text

This activity is designed to prepare for Aim 4.

T: Do you remember when we discussed that the purpose of an exposition is to inform and educate? We've gained a lot from what the passage aims to inform us about. Now, let's explore what the author seeks to educate us on. Based on our insights, what strategies do you have for using body language to enhance communication in a multicultural setting?

S (*Coco*): We should *do prior research on cultural norms.* Before interacting with people from different cultures, take the time to learn about the typical body language behaviors that are considered appropriate or inappropriate in that culture. For example, find out whether making direct eye contact is welcomed or not, as in some Middle Eastern countries there are specific gender-based restrictions regarding eye contact. This knowledge can help you avoid misunderstandings and show respect.

S (*Berry*): I think we need *to observe and adapt.*

When we are in a multicultural setting，we need to observe how the locals use body language carefully. Notice how they greet each other（like if they shake hands，kiss on the cheek，or bow），how they indicate agreement or disagreement，etc. Then try to adapt your own body language accordingly. For instance，if in a particular culture，people bow slightly when greeting，you can follow suit to fit in better.

S（*Pam*）：Maybe we could also ***focus on universal body language cues when in doubt***. There are some body language gestures that have fairly universal meanings like placing hands together by the side of the head to indicate sleep or moving a hand in circles over the stomach to mean being full. When you're unsure about specific cultural body language norms，rely on these more universal ones to communicate basic ideas clearly and avoid causing confusion.

【说明】本活动旨在引导学生基于文本讨论跨文化交流中身体语言的恰当使用，这一目标与主动学习能力培养紧密相关。通过让学生自主思考并提出在跨文化场景中运用身体语言进行有效沟通的策略，促使学生主动参与到对知识的探究与应用中，培养他们积极思考和解决实际问题的能力，这体现了学生在学习过程中承担起学习责任，是主动学习的重要表现。活动设计基于学生之前对说明文目的（告知和教育）的学习，引导学生进一步探讨文本中作者希望教给读者的内容，即跨文化交流中身体语言的使用策略。教师了解学生已经具备了一定的文本理解能力，通过这样的问题引导学生将知识迁移到实际应用中,这符合学生的学习需求和认知发展水平。同时,教师在学生回答过程中可以根据学生的表现进一步了解他们对跨文化交流知识的掌握程度,以便更好地调整教学策略,满足学生的学习需求。活动围绕跨文化交流中身体语言的意义展开讨论,学生分享的不同策略都是基于对身体语言在不同文化中的意义的理解和加工。例如,Coco提到了解中东国家关于眼神接触的文化规范,这是对眼神接触这一身体语言在特定文化中意义的深入探究;Berry的观察和适应策略也是为了更好地理解和融入不同文化中身体语言的意义体系。在学生的交流过程中,他们会对彼此提出的观点进行思考、质疑、补充,这就是意义协商的过程。通过意义协商,学生能够进一步深化对跨文化身体语言意义的理解,形成更全面、准确的认识,提高跨文化交际能力。

从加工细节到形成概念:学生在讨论过程中,从具体的身体语言行为(如眼神接触、问候方式等)出发,分析其在不同文化中的差异和意义,这是对细节的加工。随着讨论的深入,逐渐形成关于跨文化身体语言使用的一般性概念,如文化规范对身体语言的影响,观察适应的重要性以及通用身体语言线索的作用等。教师在这个过程中可以引导学生总结归纳,帮助他们梳理思路,将零散的细节知识整合成系统的概念体系。

从提炼概念到形成结构:在学生形成了关于跨文化身体语言使用的概念后,教师可以进一步引导学生思考这些概念之间的关系,构建知识结构。例如,如何将事先研究文化规范、观察适应和利用通用身体语言线索等策略有机结合起来,形成一个在跨文化交流中有效运用身体语言的整体框架。通过这样的引导,学生能够将所学知识结构化,更好地理解和记忆,提高知识的迁移和应用能力。

从理解内容到表达思想：整个活动以学生理解文本内容为基础，学生通过讨论将自己对跨文化身体语言使用的理解转化为清晰的语言表达，与他人分享自己的思想。教师可以通过提问、引导讨论等方式帮助学生组织语言，提高其表达的准确性和逻辑性。例如，当学生表达不够清晰时，教师可以通过追问让学生进一步解释自己的观点，或者提供一些连接词和表达方式帮助学生更好地阐述想法。同时，学生在倾听他人发言的过程中，也能够进一步理解不同的观点，拓宽自己的思维视野，促进思想的交流和碰撞。

Assignments

1. Choose one article in the website below that interests you the most and read further about body language (you may read all as you like).

https://www. scienceofpeople. com/category/body-language/

2. Research the cases of body language causing misunderstandings under cultural differences, and compose a short essay on the question: Which is a more reliable guide for understanding someone's feelings, their body language or the words they speak?

The teacher's version at the time of preparing the lesson：

Cultural Differences in Body Language Leading to Misunderstandings

In different cultures, the same body language can have diverse meanings, often resulting in misunderstandings. For instance, in most Western cultures, maintaining direct eye contact during a conversation is seen as a sign of attentiveness and honesty. However, in Asian cultures like Japan and China, excessive direct eye contact may be considered rude or overly aggressive.

The "OK" gesture is another example. In the United States and Germany, it means everything is going well or that one agrees. But in France, it represents worthlessness or zero, and in Japan, it can signify money. Similarly, the thumbs-up gesture, which is commonly used to express approval in the US, has different connotations in other countries. In some Middle Eastern countries, it is an offensive gesture.

Another case is the use of personal space. Americans generally prefer large personal space during interactions compared to people from some other cultures. In Hispanic or Middle Eastern cultures, people may stand close to each other during conversations, which might make an American feel uncomfortable.

So, which is a more reliable guide for understanding someone's feelings, their body language or the words they speak? In fact, both body language and words have their own significance and limitations.

Body language can often convey subconscious emotions and attitudes that words may not fully express. For example, crossed arms might indicate defensiveness or discomfort, and a genuine smile can show happiness or friendliness. However, as seen in the cross-cultural cases above, the interpretation of body language is highly dependent on cultural context. What is considered normal or positive in one culture may be completely misinterpreted in another.

On the other hand, words can provide clear and specific information, allowing for more direct communication of thoughts and feelings. But people can also choose their words carefully to conceal or distort their true emotions.

In conclusion, neither body language nor words alone can be considered the absolute and reliable guide for understanding someone's feelings. To truly understand others, we need to consider both aspects in conjunction with the cultural background and context of the communication. This holistic approach helps to minimize misunderstandings and build more effective and accurate communication.

【说明】拓宽学生的阅读视野，让学生自主选择感兴趣的文章深入阅读，进一步丰富学生对身体语言的知识储备，培养学生的自主学习能力和阅读兴趣。学生通过研究身体语言在文化差异下导致误解的案例，并撰写关于身体语言和言语在理解他人情感方面可靠性的短文，可深入思考身体语言与言语的关系，以及文化差异对人际交往的影响，锻炼自身的研究能力和书面表达能力，同时加深对跨文化交流中身体语言重要性的认识，将课堂所学知识进一步内化和应用。

五、实践反思

在本课例的教学实践中,依据主动学习视阈下英语阅读课堂教学理论框架,进行了多方面的教学尝试与探索。以下是对本次教学实践的深度反思。

(一)主动学习活动的设计与实施

根据主动学习视阈下英语阅读课堂活动设计与实施的理论,虽然本次教学在活动设计上注重多样化和互动性,但在某些环节还可以进一步优化。在自主提问环节,教师可以提供更多的引导和示范,帮助学生提出更具深度和广度的问题,例如引导学生从文化对比、社会影响等角度进行提问,进一步增强学生的问题意识和思维能力。在阅读探究环节,对于部分理解困难的学生,教师可以提供更有针对性的支持,如个别辅导或小组互助,确保每个学生都能在活动中充分参与和提升。在跨文化交流讨论环节,教师可以引入更多真实的跨文化交流案例,让学生在实际情境中更好地理解和运用身体语言策略,增强学生的实践能力。

(二)意义建构的成效与不足

学生在阅读文本过程中,积极参与了对身体语言相关信息的梳理,如在填写关于身体语言类型、含义和具有这种文化的国家的表格时,能够细致地从文中提取关键信息,这体现了学生对文本细节的关注能力。在讨论身体语言差异背后的原因时,学生能够尝试从文化背景、价值观等方面进行分析,这表明学生开始尝试对细节信息进行概念化整理,如将眼神交流在不同文化中的差异归结于性别、年龄等因素影响，逐渐形成了对身体语言与文化关系的初步概念。然而，在构建文本整体结构的理解上，部分学生仍存在困难。虽然在教师引导下能够明确各段落的功能，但对于如何将这些段落有机整合形成对文本意义建构的整体框架，理解还不够深入。例如，在分析文章结构时，部分学生仅能简单划分段落层次，而对各层次之间的逻辑关联以及如何共同服务于文本主题的理解不够清晰。

从理论框架来看，"细节—概念—结构"是意义加工的重要层次（葛炳芳，2024：55）。在本次教学中，学生在细节获取和概念形成方面取得了一定进展，但在结构构建上相对薄弱。为了加强学生的意义建构能力，教师可以在教学过程中增加对文本结构的可视化分析，如绘制思维导图或流程图，帮助学生更直观地理解文本各部分之间的逻辑关系；在引导学生分析文本时，加强对段落之间过渡语句和逻辑线索的解读，让学生明白文本是如何围绕主题逐步展开论述的，从而提升学生构建文本结构的能力，进一步深化对文本意义的建构。

(三)阅读素养培养的尝试

依据理论框架，阅读素养涵盖内容、思维、语言和策略四个维度，且相互关联、相互渗透。在本次教学中，各维度均有一定体现，但仍需进一步整合和强化。在今后的教学中，教师应设计更多综合而有侧重的学习活动，将内容理解、思维发展、语言运用和策略培养有机融合。例如，在阅读拓展作业中，引导学生阅读相关文章时，要求学生运用所学阅读策略进行分析，并在撰写短文时注重语言的丰富性和准确性，同时鼓励学生从不同角度思考问题，深化思维发展，从而全面提升学生的阅读素养。

（四）主动表达目标的达成情况

在课堂讨论环节,学生能够积极分享关于身体语言的不同看法,如在讨论不同文化中眼神交流、"OK"手势等身体语言差异时,学生能够清晰地阐述自己的观点,并结合自身理解进行分析。这表明学生在一定程度上具备了主动表达的意识,能够对文本内容进行初步思考与回应。然而,在表达的完整性和逻辑性方面仍存在提升空间。部分学生在阐述观点时,虽然能够提及关键信息,但观点组织缺乏系统性,难以形成连贯且有条理的论述。例如,在分析微笑这一身体语言在不同情境下的含义时,学生能列举出多种情境,但未能深入探讨这些情境背后反映出的普遍规律以及与文化因素的内在联系。

根据理论框架,主动表达是英语阅读课堂的最终追求,学生应能通过阅读形成独立思考、深度理解和有效表达的综合能力。在本次教学中,学生已开始展现出主动思考和表达的倾向,但还未能够用连贯语句表达相对完整的思考。在今后的教学改进中,教师应更加注重引导学生对所表达内容进行逻辑梳理,例如在讨论前提供思考框架或问题引导,帮助学生组织思路;增加表达训练的机会,让学生在实践中不断提升表达的完整性和逻辑性。

六、课例评析

（一）文本解读

在本课例中,文本解读得到了教师的高度重视和精细化处理。通过一系列精心设计的活动,教师有效地引导学生逐步深入文本,理解其内在含义和结构。在热身活动中,学生通过表演句子和观察图片,对身体语言有了初步的认知,这为后续的文本解读奠定了坚实的基础。在自主预测与提问环节,教师鼓励学生基于标题和插图进行预测性提问,这一做法不仅极大地激发了学生的好奇心和求知欲,还帮助他们初步构建了与文本紧密相关的图式知识。

在阅读探究活动中,教师更是引导学生深入挖掘文本的细节,如探讨身体语言的类型、含义以及文化背景等。通过填写表格的形式,学生系统地梳理了文本信息,对文本内容有了更为深入的理解。最后,在文本类型与结构探究中,教师明确指出文章为说明文,并详细分析了各段落的功能和整体结构,从而帮助学生从宏观上把握文本的脉络。这种由浅入深、层层递进的文本解读方式,不仅有效地培养了学生的阅读理解能力,还显著提升了他们的信息梳理和整合能力。

(二)目标定位

马瑾辰老师开设的是 80 分钟的长课。她设计的学习目标,涵盖了自主学习能力培养(目标 1)、文本内容和语言梳理(目标 2)、对主题的深度解读(目标 3)和用英语表达思想的体验(目标 4)。这样的目标定位与主动学习视阈下英语阅读课堂教学的要求高度契合。课时目标紧紧围绕主动阅读、意义建构、跨文化交际等核心要素展开,旨在通过文本学习,全面提升学生的阅读素养和跨文化交际能力。四个目标虽然不是线性"提升",但总体是一个从具体内容(细节)到抽象内容(概念化),从文本框架(结构)到思想表达(出口任务)的目标体系。

在教学过程中,教师巧妙地设计了多样化的活动,如自主提问、阅读探究、小组讨论等,以引导学生积极参与学习,主动建构意义。同时,教师还特别注重培养学生的自主学习能力和批判性思维能力。他们鼓励学生在深入理解文本的基础上,勇于发表个人观点,并进行深度思考。这些活动设计紧密围绕目标定位展开,有效地促进了学生学习目标的实现。通过这一系列的教学活动,学生不仅掌握了文本内容,还学会了如何主动学习、如何批判性地思考,从而为他们的终身学习奠定了坚实的基础。

(三)综合视野

本课例在教学过程中充分体现了综合视野的原则。

梳理有关眼神交流、"OK"手势、"是"与"否"的手势、表示"睡觉"和"吃饱了"的动作、微笑等身体语言的内容、有关比较异同、"一语多义"、同一身体语言具有多种用途等文本细节,不仅是逻辑思维能力培养的过程,还是语言学习的过程,更是学习方法的发展契机。研读文本中interaction一词"统领全文"的功能和主题意义、关联本单元开篇引言的探究与言说,都是将语言、内容、思维和学习能力融合于一体的活动,犹以思维为显性目标。

我们用"综合视野"的理论来分析本课目标1:

目标1:通过对标题与插图信息的自主解读,激活对于身体语言的已有认知,并对全文要点进行预测,为主动阅读做好铺垫,从而形成对文本有依据的预测意识,提高自主梳理信息的能力。

活动:有依据地预测文本(指向内容加工与思维能力培养)。

途径:对标题与插图信息的自主解读,激活对于身体语言的已有认知(这也是阅读策略,即关联已知,同时也是话题词汇的激活与准备)。

目的:为梳理文本主要内容作准备,为主动阅读做好铺垫,形成预测的学习习惯,提高自主学习能力。

综合:这一条的显性目标指向自主学习能力培养,隐性目标是为细节梳理作准备;语言学习、逻辑思维等都蕴含其中。

再如:

目标 3:通过分析标题中的暗喻手法,整合文本中 listening 与 talk 的相关表达;在讨论作者写作目的的过程中,体会"倾听(理解)"与"表达(传递)"作为交际过程的不可分割。

活动:整合文本中 listening 与 talk 的相关表达;体会"倾听(理解)"与"表达(传递)"的交际过程(语言学习和批判性思维能力培养)。

途径:分析标题中的暗喻手法;讨论作者的写作目的(从语言和写作目的切入)。

目的:深度思考,从个体的视角,探讨 interaction 一词的内涵(批判性思维能力的培养)。

综合:这一条的显性目标指向批判性思维能力培养,隐性目标是语言梳理基础上的思想表达。运用细节加工所得作为内容和语言基础,定位关键词展开讨论,以达成学习目标。

"综合视野"还强调与生活的关联,在探讨身体语言在不同文化中的差异时,教师巧妙地引导学生思考文化差异对身体语言的影响,并深入讨论如何在跨文化交流中恰当、有效地使用身体语言。

(四)主动学习

主动学习的课堂总是需要关注"安全感、参与度、创造性和感悟力"(马瑾辰,2022:14)四个重点。本课例中,主动参与主要体现在哪里? 师生责任如何得以动态平衡？自主提问、回应所学、建构意义、表达思想、平衡责任做得怎么样？

　　首先，主动学习"形式可见"，有的思维层次不高，如Activity 1(Body language games)中的表演，主要是引发兴趣、激活认知图式；有的思维含量稍高，如 Activity 2 中的自主提问环节中，学生经历了自主提问前的头脑风暴，对文本标题和图片的解读，且在问后与教师一起提炼了概念词。这一切为无干扰独立阅读打下了基础。

　　其次，主动学习强调思维的主动性。在意义协商的过程中，学生无干扰自主阅读近 10 分钟，接着围绕读前提问，自主选择问题进行回答。在这样与文本、作者、同伴和教师对话的过程中，梳理身体语言的定义、类型、意义和文化因素。在此基础上，学生主动参与意义加工的过程，并在分析文本结构的过程中，将细节加工的成果进行概念化和结构化。Activity 4 要求学生基于"Which body language impresses you the most and why would you like to comment on it?"这一问题讨论 5 分钟，随后丰富的产出足以证明学生主动参与的学习状态：形式的主动是基础，思维的主动是内涵。

> 形式的主动是基础，思维的主动是内涵。

　　在师生责任动态平衡方面，教师充分发挥了引导者和支持者的作用。他们为学生提供了必要的示范、指导和支持，同时鼓励学生自主探索和解决问题。这种平衡的责任分配方式，既保证了教学活动的顺利进行，又培养了学生的自主学习能力。学生在这种氛围中逐渐学会了如何独立思考、如何解决问题，从而为他们的自主学习奠定了坚实的基础。

第五章

英语阅读课堂教学：
主动学习能力培养

　　主动学习是一种"自己主宰学习的能力。这种能力并非与生俱来，而是需要'自然'学得，或者（更为常见的是）通过正式的学习即系统的、有意而为之的方式获得的"（Holec，1981：3），是"知识建构和深度参与的重要途径"（Lombardi *et al.*，2021：10），是教育的一个目标。

一、培养学生主动学习的能力：理解四组变量

　　主动学习强调学生的积极参与，教师要理解英语阅读课堂中相应的实践路径、师生责任、活动递进以及评价维度。从"体验—统整—创生—融通"的主动学习路径，到"引领—引导—引燃—自燃"的师生责任平衡，再到"进入—浸入—深入—融入"的思维递进过程，我们旨在建立促进学生主动学习、注重体验与创造的英语阅读课堂文化。同时，通过行为、语言、思维和信念等四个维度的评价，观察与评估学生的主动学习能力，为他们的全面发展

奠定坚实基础。

（一）体验—统整—创生—融通：主动学习的有效路径

英语阅读课堂教学，从聚焦阅读理解到重视阅读理解的过程，从重视阅读理解的过程到关注阅读理解经验的创生，并在"出口任务"的"加持"下，与先验融通，与世界和自我关联，回应所学，迁移运用，表达思想。这是对英语阅读课堂从单向理解到双向交互再到多维对话的重新认识和重新定位。从这个意义上讲，英语阅读课堂是选择与体验、统整与创生、融通与迁移的非线性动态过程。理解这个动态过程，要从以语言（点）为中心的思维方式转变为以关系为中心的思维方式，把语言预设为意义建构的动态认知对象，进而把语言预设为学生主动建构意义的思维工具和意义来源，把语言学习建立在基于一定语料所设计的学习目标、学习任务、学习情境之上，在主动学习的过程中，共同打通一条基于文本理解、意义建构、拓展关联和思想表达的素养发展通道。

> "体验—统整—创生—融通"是对英语阅读课堂从单向理解到双向交互再到多维对话的重新认识和重新定位。英语阅读课堂是选择与体验、统整与创生、融通与迁移的非线性动态过程。

图 5.1 体验—统整—创生—融通：主动学习的有效路径

狭义的英语阅读课堂中最重要的教学事件，应当是学生围绕语料进行意义加工，由此学会主动阅读，发展主动学习能力。

（二）引领—引导—引燃—自燃：主动学习中的师生责任

主动学习能力的培养，在起始阶段需要教师示范或明确要求，从"学方法"的角度融入文本意义，例如如何问问题、如何预测、如何回应同伴的问题、如何追问、如何表达自己的思想等等。

"引领"是教师在主动学习过程中的首要任务。它要求教师依据所锚定的学习目标，提供清晰的学习路径、活动框架和出口任务。

"引导"是教师在学生学习过程中的重要作用。它要求教师激发学生的学习兴趣和主动参与学习的意愿，引导他们主动探索和学习。教师可以将学生融入主动提问等活动之中，或提出引导性问题，鼓励学生主动思考、探索答案，培养他们的问题意识和解决问题的能力。

"引燃"是教师通过特定的教学方法和手段，点燃学生的学习热情，使他们从被动接受知识转变为主动学习知识。教师可以通过创设与阅读内容相关的情境，促使学生主动提问、主动互动、主动回应输入。同时，学生主动学习，不仅是教师期待他们学会的能力，而且应当是他们学习权利的表现形式之一。

"自燃"是主动学习的最高境界。学生"下意识"地成为学习过程中的主动参与者，学习、探索、思考。教师需要营造安全互信的学习氛围，学生在主动学习活动中体验学习过程和自我价值的实现。意义加工情境的创设为"积极参与的学习者提供了学习的机会"（Van Lier，2000:253），也就是说，每个基于情境的机会都为进一步主动学习的行动提供了可能性。

图 5.2　引领—引导—引燃—自燃:主动学习中的师生责任

　　"引领—引导—引燃—自燃"是主动学习视阈下英语
阅读课堂教学的四个
重要方面,是师生责
任的有效平衡过程。
教师通过引领明确学
习方向,通过引导激
发学生的学习兴趣和探索欲望,通过引燃点燃学生的学
习热情,最终促进学生的自燃,使他们成为真正的学习主
体,以期学生在阅读课堂的学习中表现出更多的主动性,
使得学习效率更高、效果更好、能力更强、学习更自主。

> "引领—引导—引燃—自燃"是主
> 动学习视阈下英语阅读课堂教学的四
> 个重要方面,是师生责任的有效平衡
> 过程。

(三)进入—浸入—深入—融入:主动学习中的思维递进

　　主动学习视阈下的英语阅读教学中,学生在"进入"
文本学习后,经历"浸入—深入—融入"三个阶段(见图
5.3),不同阅读阶段学生主动学习的内容与角色不同。

　　进入:学生作为读者兼学习者,在教师的引领下,开
启学习之旅。"进入"是一个关联已知、开启学习的阶段。
学生从激活认知图式开始,逐渐经历自主提问等学习
活动。

　　浸入:学生(读者)作为解读文本的一方,从"一张白
纸"到了解文本的表层信息再到深层意义,经历了一个沉
浸于文本意义的过程。这时,学生通过认知和理解词汇
和文体,梳理信息,初步形成概念。

　　深入:学生作为交流信息的一方,从"我知道你说了
什么"到"我知道你为什么要这么说"再到"我觉得我知道

进入：
初感话题

浸入：
解读文本

深入：
交流信息

融入：
个性化拓展

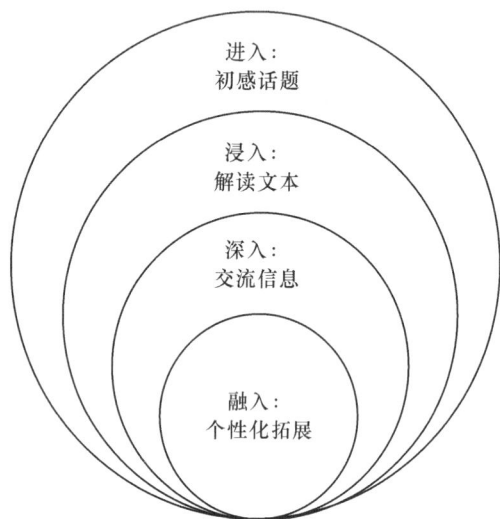

图 5.3 进入—浸入—深入—融入：主动学习中的思维递进

你到底为什么想要这么说"，经历了一个赋予文本特殊意义的过程。这时，学生尝试深度解读文本内涵，内化文体和词汇，提取概念，最后构思出文本的网络与结构。

融入：学生作为独特的读者个体，从"我（有点）读懂了你的意思"到"此文与我有什么关系"再到"此文与我所在的世界/境遇中的我有什么关系"，经历了回应文本意义与读者关系的过程。这时，学生超越文本，运用文本的内容和语言作为起点，依托结构化成果，关联世界和自我，表达思想。

由此可见，主动学习视阈下的英语阅读过程并非简单的信息接收与理解，而是一个层层递进、深度参与和意义构建的过程。从"进入"阶段的初步接触与激活认知，到"浸入"阶段的沉浸理解与初步概念形成，再到"深入"阶段的深度解读与内化知识，最后到"融入"阶段的超越文本、关联自我与世界的表达，学生不仅作为读者和学习者,更是作为文本意义的探索者、建构者和传播者,不断地与文本进行着深入的对话与交流。

> "进入—浸入—深入—融入"的过程中,学生不仅作为读者和学习者,更是作为文本意义的探索者、建构者和传播者,不断地与文本进行着深入的对话与交流。

这一过程不仅体现了学生主动学习的主体地位,也强调了教师在其中的引领作用。教师需要根据学生的阅读阶段和学习需求,设计相应的教学活动和支持策略,帮助学生逐步深入地理解文本,构建知识体系,并最终实现自我与知识、与世界的融合。

因此,在英语阅读教学中,教师应注重培养学生的主动学习能力,引导他们通过"进入—浸入—深入—融入"的过程,逐步掌握阅读技巧,提高阅读理解能力,同时培养他们的批判性思维和创新能力,为他们的终身学习和发展奠定坚实的基础。

(四)行为—语言—思维—信念:主动学习的评价维度

在主动学习评价中,从行为(behviour)、语言(language)、思维(thinking)和信念(belief)等四个维度进行考量,是全面观察和评估学生主动学习能力的重要方式。

在行为维度上,主动学习的评价主要关注学生的参与度和实践性。小组讨论、发言频次、同学发言时的专注程度、主动参与解决问题的过程等,都是观察学生主动参与度的"指标"。做批注、画"重点"(如主题句)、画思维导图等阅读策略也是外显的行为。有些阅读策略可以通过有声思维外显,如果自然而然地用上,则是隐性的学习行为。高参与度表明学生愿意主动投入到学习中，与教师和同学进行互动。

在语言维度上，主动学习的评价主要关注学生的表达能力和交流能力：主动提问、主动表达、提出自己对知识的疑惑或探究的意愿、表达对已知的关联、表达意义加工的成果。语言的"背后"是意义，无论是概念意义还是语用意义；意义的外显是符号，无论是口笔头文字语言（词汇、语法、体裁、版式等）还是非文字符号（身体语言、插图、物件、非文字情境等）。

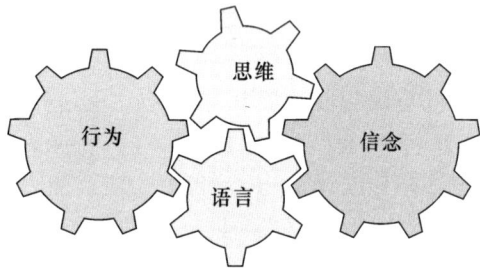

思维

行为

信念

语言

图 5.4　行为—语言—思维—信念：主动学习的评价维度

在思维维度上，主动学习的评价主要关注学生对文本意义加工的深度和广度。学生在课堂互动中建立的关联、回应的内容是否符合逻辑，是否能在独立思考和同伴协商中对所加工的内容进行批判性思考，有依据地质疑其合理性和适用性，是否能够在二轮乃至三轮提问中提出新的问题或解决方案，甚至是跳出旧的框架从新的视角分析问题，都是主动学习的重要标志。

在信念维度上，学生在阅读过程中开展意义加工，是否在参与活动的过程中有安全感、被尊重感，进而表现出归属感，有被认同的渴求，在心理上真正认同自己是这个集体的一员，并以得当的方式表现、表达出来，并以得当的方式把自己的所思所想表现、表达出来。信任是信念的基础，持续的获得感是信念的起点和目标，也是从能力到素养的内在桥梁。从阅读课堂教学的角度看，信念是学生经历教学活动的积淀；从学生参与活动的角度看，信念是学生学习行为的驱动力。

综上所述，从行为、语言、思维和信念四个维度对主动学习进行评价，可以全面反映学生的主动学习能力。

> 从行为、语言、思维和信念四个维度对主动学习进行评价，可以全面反映学生的主动学习能力。

二、教师如何培养学生主动学习的能力

(一)转变话语权与任务设计之道

培养学生主动学习的能力，教师需要改变自己，并帮助学生改变。课堂中最需要改变的，归根到底是师生"说话的机会"——话语权。教师激发每个学生个体的认知和主动学习能力，进而营造一个主动学习的环境，即从激发内部的需要和能力，到外部的学习文化转变。对于后进的学生，用降低任务难度的方法促进其学习的主动性、参与性固然有效，但这只是"输血"的方法，而不是"造血"的方法。一味降低难度并不可取，搭建通向完成一定难度任务的支架才是"正道"。为培养学生主动学习能力进行教学设计时，教师要思考设计

> 为培养学生主动学习能力进行教学设计时，教师要思考设计什么样的主动学习任务才可以强化学生的参与性，促进学生积极学习，在细节加工的过程中向"概念化""结构化"的方向"靠近"。

什么样的主动学习任务才可以强化学生的参与性，促进学生积极学习，避免学生在学习过程中出现厌倦感、无趣感、闷倦感、心烦感、无回应等现象，在细节加工的过程中向"概念化""结构化"的方向"靠近"，以期在模仿、迁移的学习任务中，更好地帮助学生形成个体的理解，在用英语理解、用英语表达的学习活动中提升英语素养。

（二）"意义加工的层次性"视角下主动阅读课堂的三大支点

主动阅读不仅要求学生能够主动地去阅读文本，更要求他们能够主动地去理解、分析和评价文本，从而培养出独立思考和解决问题的能力。"有层次的意义加工"、"结构化"以及"更丰富的学习体验与优化的输出"，正是我们在实践中感悟到的关键要素，它们共同支撑起主动阅读课堂的框架，为学生的主动学习能力培养提供了有力支撑。

1. 有层次的意义加工基于文本传达意义的方式

意义生成的层次是一个复杂而深刻的过程，它主要建立在文本如何有效地传达其内在含义的基础之上。在这个过程中，文本的逻辑结构以及作者的意图构成了意义传达的基础，它们像是一条隐形的线索，引导着读者去探索和解读文本浅层、深层及至超越文本的意义。

同时，读者自身的理解逻辑也起着至关重要的作用。每个读者都有自己独特的认知结构和解读方式，他们会根据自己的经验、知识和情感去理解和诠释文本，从而生成属于自己的意义层次。从这个意义上讲，教学设计必须从理解逻辑出发，关注学习者的层次和文本意义加工的层次性。

2. 有层次的意义加工本质上根植于一种可以或多或少被概括的认知结构中

换言之,有层次的意义加工,其根源在于人类认知结构的层次性。我们的认知结构像是一个金字塔,从具体的细节逐渐抽象到更高层次的概念和结构。这种非线性层次性的存在,使得我们在理解和表达意义时,既能够关注到细节,又能够把握整体,形成对文本全面而深入的理解。有层次的意义加工的过程必然涉及理解和概括细节的能力。学生需要发展相应能力,从具体的文本中提炼出核心概念和结构,同时也将这些概念和结构具体化,与具体的情境和细节相结合,从而生成更加丰富和立体的意义层次。

3. 理解意义加工层次性的目的和结果,自然地在可理解输入和结构化输出之间架起桥梁

理解意义加工的层次性,其目的和结果在于建立起可理解输入和结构化输出之间的桥梁。通过设计有效的阶段活动、过程性学习任务和学习板块的"出口"任务,教师可引导学生逐步深入地理解文本,提升阅读能力和思维能力。同时,这种渐进式的学习任务也有助于激发学生的责任感和学习动力,让他们在学习的过程中不断成长和进步。即使面对后进学生,我们也可以通过调整任务难度和提供个性化的支持,帮助他们逐步克服学习障碍,提升他们的学习效果。

> "有层次的意义加工—结构化—更丰富的学习体验与优化的输出"是主动学习阅读课堂需要重点考量的三个支点。

总之,"有层次的意义加工—结构化—更丰富的学习体验与优化的输出"是主动学习阅读课堂需要重点考量的三个支点。

（三）平衡师生角色，提升教师专业素养

优化教学策略、平衡师生角色、提升教师专业素养，是培养学生自主学习能力的三个重要关注点。

主动阅读课堂已成为培养学生自主学习能力的重要阵地。优化教学策略、平衡师生角色、提升教师专业素养，是三个重要的关注点。

1. 渐进与"标杆"

自主阅读能力的培养，需要从课堂教学做起。教师首先要建立信心，对学生学习行为和由此产生的学习成果有恰当的预期。有些教学任务需要教师"分步走"才能实现，能力的培养更是如此。在每个自主学习能力培养的阶段，教师需要本着循序渐进的思路。毕竟学生学会提出问题到提出一个好的问题需要时间。自主阅读也需要时间。自主学习能力的发展是一个螺旋发展的过程。而在这个过程中，每一个"可感"的成绩，都是学生心中前行的"标杆"和动力。

2. 角色与责任

自主学习能力的培养，归根到底是教学过程中教师角色与学生责任的平衡。依据从"做给你看"到"我们一起做"再到"你们一起做"，最终实现"你独立做"，这个过程中教师搭建什么支架、传授什么方法、如何把握时机、学生体验过程中学习能力本身、动机、学习任务单（worksheet）的设计等无不与期待学生承担更多责任相关。所以，重新定位教师角色与学生责任，是真正落实学生自主学习的基础。

3. 专业与挑战

真正有效开展以发展学生自主学习能力为指向的英

语课堂教学，对英语教师的教育理念、专业知识和专业能力都极具挑战。自主学习能力培养如何开展，有赖于教师对英语教育的理解、对教学材料的解读和通往教学目标之路的定位。教学研究的能力决定了教师的视野。如何运用衔接与连贯解读文本？如何循序渐进地帮助学生提高提问的质量？如何以教育的语境即学科德育视角，观照课堂教学？这些熟悉的话题，都已是我们的"日常"。我们的挑战，不再是"新"知识和"新"理念，而是把根本的、重要的知识和理念运用到我们的日常实践之中，真正在做中学，在培养自主的学生的同时，成就真正自主的自己。无论如何，挑战助推我们进步。

三、后续研究方向及思考

英语阅读教学的改进，"需要教师以研究的姿态（research as stance）去实践真正的学习，源于学习者内心动与静的有机结合"（葛炳芳，2015：91）。英语阅读教学中激发和培养学生主动学习能力的教学改进，亦是如此。

● 主动学习视阈下学生阅读能力主要有哪些特点？

● 如何认识主动学习能力培养过程中阅读能力的发展？

● 如何认识主动学习能力培养过程中师生文本解读的地位和作用？

● 促进学生主动学习的"出口任务"应该如何设计？

● 如何在学生主动学习能力发展的不同阶段，采取不同的策略？

主动学习视阈下的英语阅读教学：**理论与实践**

● 就学生自主提问而言，在学生主动学习能力发展的不同阶段，教师该如何引导？

● 就学生活动参与而言，在学生主动学习能力发展的不同阶段，教师该如何引导？

● 就学生回应所学而言，在学生主动学习能力发展的不同阶段，学生产出如何评估？

● 就学生意义建构而言，在学生主动学习能力发展的不同阶段，如何平衡细节理解、概念提炼和结构化成果的运用？

● 就师生角色与责任而言，在学生主动学习能力发展的不同阶段，如何定位，如何平衡？

● 如何把握阅读课堂中教师为学生搭建学习"脚手架"的角色"到位"但不"越位"？

● 如何评价主动学习视阈下阅读课堂教学中学生的主动性？

● 如何定位主动学习视阈下的阅读课堂教学目标？

● 培养学生主动学习的能力需要时间"打底"。如何处理阅读课堂教学中"教学内容多"与"教学时间紧"的矛盾？

● 如何考量阅读课堂中学生的"安全感""成就感"等影响主动参与的"非智力因素"？

● 生源"很差"的学校，能否开展指向主动学习能力培养的阅读课堂教学？如果可以，该如何设计相应的活动？

● ……

我们如此强调主动学习能力培养在英语阅读教学乃至整个学校教育中的重要性，是因为"尽管教师可能将内容领域教学的重点放在帮助学生理解材料上，但相伴而行的一个重要目标，就是要帮助学生学习如何成为善于自我调节的积极读者，并获取各种策略来提升他们的理解力"(Snow，2002：14)。达到高水平的读写能力意味着什么？"当读者能够轻松而有兴趣地阅读各种材料，能够出于不同目的阅读，即使材料既不容易理解，也本质上不有趣，也能阅读理解时，就达到了读写能力熟练程度。……熟练的读者……能够获取新知识和理解新概念，能够适当地应用文本信息，能够参与阅读过程并反思所读内容"(Snow，2002：xiii)，这其中就充分蕴含了学生作为"主动学习者"的义务和职责。

附　录

"英语阅读教学综合视野"的理论与实践：核心内容[①]

"英语阅读教学综合视野"的理论，旨在解决文本解读欠缺(庄志琳等，2011：3-5)，教学目标定位失当(叶恩理等，2015：4-11)，不重视有效的信息梳理与整合(钱剑英等，2015：6-20)，阅读策略的培养不如人意(陈永芳等，2013：5)，与评判性思维能力发展有关的阅读活动设计脱离文本内容、偏离主要线索、缺少必要铺垫、缺乏多元思维(张成年等，2015：5-15)，词汇、语法、结构等教学常常凌驾于文本信息加工之上，缺乏语境、目标和赏析等意识(王秋红等，2015：5-14)，输入与输出不一致、输入的量与

① 本部分内容，详见浙江大学出版社分别于 2011、2013、2015 年出版的"中学英语教师阅读教学研究丛书"(共 15 册)和外语教学与研究出版社 2019 年出版的《英语阅读课堂教学：阅读素养与综合视野》。相关内容还以《"英语阅读教学综合视野"的理论与实践》论文形式发表在《中小学英语教学与研究》2021 年第 9 期。《基于综合视野的英语阅读教学改进行动》获得"2018 年教育部基础教育成果奖"一等奖，并受教育部指派，于 2020—2023 年在山西省运城市推广。

输出的质不吻合(姚旭辉等,2013:3-5),忽视读后活动的高度综合性(戴军熔等,2011:3-26)等问题,聚焦常态的阅读课堂教学,旨在改变阅读教学过程中语言学习、信息理解、思维培养相互割裂的现象,探索对阅读教学中的文本信息加工、思维能力培养和语言学习的改进思路与方法,进而改进阅读教学实践(葛炳芳,2015:6)。

一、概念基础

内容(即文本承载的意义)、思维和语言是任何阅读课堂教学的三大支点,因此,要把握好内容、思维和语言三者的关系。文本一般都以语言作为其意义的符号,语言是加工、表达、必要时拓展的工具,是理解文本内容、进行思维的载体。内容由语言表达,也是思维的工具。思维的过程则是借助语言,就文本内容进行筛选、整合、评价、拓展的过程。

内容、思维和语言三者相辅相成,三位一体(见下页图 1)。以三者之一为主要目的的课堂教学活动,必须充分考虑诸多因素综合施教,明确三者的相互依存关系。

二、概念模型

英语阅读教学综合视野,以"[读者]为内容而读,[教师]为思维而教,[学生]为语言而学"和"体验阅读过程,感受策略运用"为核心理念,强调阅读课堂教学是一个综合而有侧重的过程(葛炳芳,2015:19)。在这个过程中,教师要引导学生汲取文本内容、培养思维能力、学习语言知识、体验阅读策略的运用。每一项教学活动,都应当有一个明确的教学目标,如语言的、信息理解的、思维的、阅

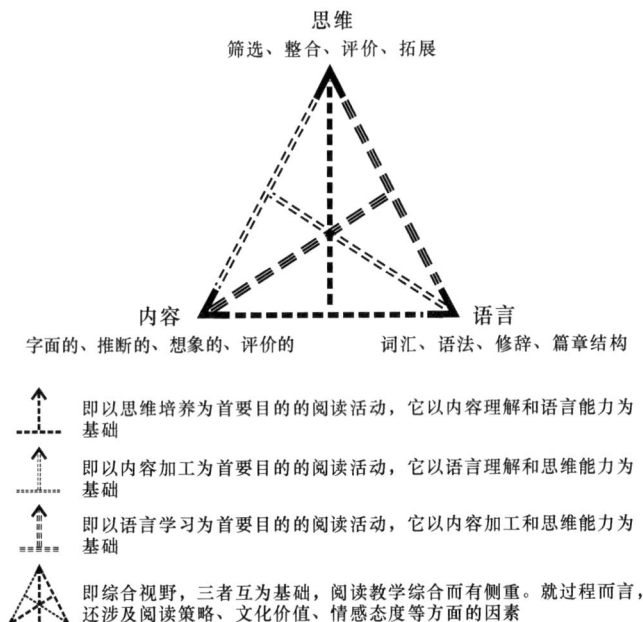

图 1　内容、思维和语言三者关系(葛炳芳，2015:17-28)

读策略训练的等等。但是，阅读的过程是一个综合而复杂的过程，所以，一项活动又一定是综合了内容、思维、语言、策略等要素的。

　　基于"综合视野"的英语阅读教学要求教师在组织阅读课堂教学时，考虑文本内容理解与信息加工、思维能力培养、语言学习等各方面的因素，同时，在设计教学过程和教学活动、组织课堂教学时，考虑每个教学活动都有一个明确的指向，突出重点。明确教学活动的首要目的，阶段侧重、综合施教，是英语阅读教学综合视野理论的核心关切(见下页图 2)。

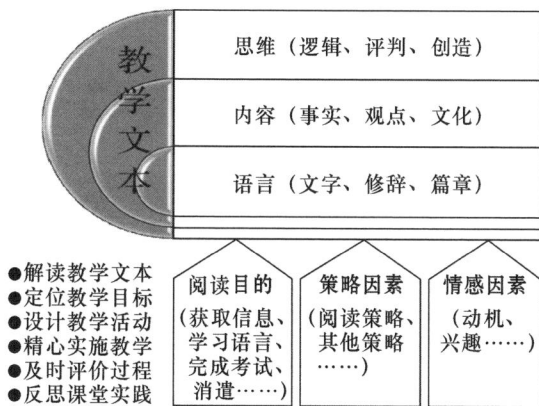

图 2　英语阅读教学综合视野的概念模型

（葛炳芳，2015：18）①

事实上，"综合视野"既是一种思想，也是一种方法，既在理念上引领，又提供可操作的实践体系（葛炳芳，2015：21）。

三、实施原则

实践"英语阅读教学综合视野"，要坚持以下三原则（葛炳芳，2015：22）。

目标导向原则。关注阅读教学中的目标定位与叙写的综合性。学习总是以"综合"的方式展开。一个教学目标必然有一个显性的指向，但隐性的目标可能会有很多。目标以何种方式叙写，多少会影响教学过程的设计与实

---

① 此图是 2015 年的总结。经过多年的研究思考，有些内容已经需要更新。如，"阅读目的"应当包括扩大视野、树立积极的人生观和创新思维。"策略因素"应当包括认知策略、元认知策略、交际策略等。"情感因素"应当包括愉悦感、安全感、归属感、尊重感、方向感等。

施。我们主张用"以什么方式做什么事情，以达到什么目的"的方式叙写目标。例如，我们来分析一下这一条教学目标：By the end of this class, students will be able to tell the basic characteristics of the job and the routine work as a volcanologist by locating related specific information.

活动：讲述火山学家的工作特点和日常工作内容（信息梳理）。

途径：定位相关信息（这也是阅读策略，即scanning）。

目的：理解文本主要内容（这个不写自明了）。

综合：这一条的显性目标是内容的整理，隐性目标是阅读策略的训练和描写火山学家职业的相关语言。需要说明的是，该文的第1、2自然段以描述（description）的方式介绍火山学家的工作。

综合平衡原则。教学活动或者阅读阶段的活动，要有侧重的、明确的指向。但任何活动都有其隐性目标，因而阅读课堂活动须注意阶段侧重，综合施教，点面兼顾。

过程体验原则。教师应当设计有利于学生充分阅读和思考、模仿和运用的教学活动，教学活动要具体、真实、可及、可测而又顾及差异的教学目标。

四、实施策略

1. 文本解读与目标定位

文本解读策略。文本解读即解读教学材料的背景、内容、语言、思维、策略、表达等等，如：文本以什么样的框架、借助什么样的语言、表达什么意思，如何表达。文本解读需要依据课程目标，指向阅读素养。

目标定位。教师在依据教学文本的解读、学生实际和教学需求定位教学目标时，应从文本解读与教学设计之间的平衡性视角关注阅读课堂教学目标的定位与叙写，从教学实施与教学目标一致性视角关注教学目标的效度与评价。教师需要以"用什么方法做什么事情以达到什么目的"的思路叙写教学目标，首先定位要做什么，接着思考通过什么活动去完成，再考虑用什么方法去设计和实施相关活动。

2. 学习活动设计的综合视野策略

"综合视野"要求教师在组织阅读课堂教学时，考虑文本内容理解与信息加工、思维能力培养、语言学习等因素，同时，在设计教学过程和教学活动、组织课堂教学时，考虑每个教学活动都有一个明确指向，突出重点。

（1）内容

我们的行动改进从字面、推论和评鉴这三个理解层次切入，从"提取"与"整合"两个方面，改进阅读文本信息加工的教学实践。

字面理解着眼于对阅读文本字面信息的处理。我们从"单处提取字面信息，理解文本细节"和"多处提取字面信息，整合文本内容"两个层面开展，同时考量解码与信息整合过程中对语言、思维与阅读方法的关注。

推论理解是对文本表层信息的加工的基础上的深层次理解。我们通过分析、归类，从辨识标题与文体、猜测词义与句义、预测情节与逻辑和判断观点与态度等四个视角开展了探讨，引导学生提升把脉文章主线、挖掘文本内隐、理顺文本逻辑、领悟情感意图的能力。

评鉴理解旨在培养学生的批判性思维能力。我们聚焦于文本内容、语言等角度，引导学生探究事件观点、人物性格、结构手法、用词佳句、文化与修辞等（钱剑英等，

2015：22-43)。

（2）思维

教师需要理解批判性思维能力及其重要性，探讨将其有机融入日常阅读课堂的途径与策略。"培养批判性阅读能力、促进批判性思维发展、优化多元化评价手段"应当成为"正常的"阅读课堂的有机组成部分。教师可以设计预览、注释、概述、分析、提问、预测、评价等（贵丽萍等，2011：14-27)活动训练学生的批判性阅读能力。

不同类型的问题设计直接影响着对批判性思维能力的培养。展示型问题凸显文本脉络，活化文本信息；参阅型问题拓展文本内涵，彰显文本特征；评估型问题有利于内化内容思想，发展心智思维。教师可以围绕文本话题，启动先行认知；梳理文本内容，构建有效信息；拓展文本内涵，从文本语言的鉴赏点、关键信息的蕴含点、文本内容的空白点、中西文化的冲突点、作者写作的出发点或从学生情感的共鸣点等进行设问（梁美珍等，2013：25-73)，培养学生批判性思维的能力。教师还可以从线索、内容、语言、体裁等视角入手进行对阅读文本的阐释和评鉴，培养学生的批判性思维能力（张成年等，2015：21-56)。

（3）语言

语言教学是英语阅读教学的首要任务，但是，在阅读教学过程中教语言，教师应该把语言与文本信息理解、思维能力培养等诸多要素有机整合，避免单纯进行"语言点"教学。

就词汇而言，教师要帮助学生在关注文本的同时关注词汇，在文本分析和解读的基础上学习词汇在特定语境中的含义和用法。可以通过读前、读中、读后各种不同的设计来循环练习词汇。在阅读过程中处理的词汇要有利于对文本的理解，利用学生已有图式结合情境学习新的目标词汇,在文本分析中寻找学习语言的最佳契机,并借有梯度性的任务实现词汇学习的循环与提升(潘云梅等,2011:65-69)。

仅仅关注词汇还不够。教师还需要关注语法、结构甚至篇章、修辞、逻辑。阅读教学过程中语言处理有三"原则",即语篇优势原则、语境相伴原则和阶段侧重原则(王秋红,2015:8-14),以"基于文本感知探究、立足需求整理语言、创设情境运用语言"为基本思路,从话题、功能和修辞三个视角改进语言处理,设计多样化的教学活动,进而帮助学生提高语言表达的丰富性、确保语言运用的得体性,又关注语言运用的有效性(赖朝晖等,2013:16-27)。

总之,我们从内容、思维和语言三个方面切入,来探讨阅读课堂教学的改进策略,但总是在综合的视野下设计具体的教学活动。事实上,明确教学活动的首要目的,阶段侧重,综合施教,是英语阅读教学综合视野理论的核心关切。

3. 读后活动的设计策略

为了强化阅读教学的"综合视野",教师应当在读后活动的设计中关注语言和情境真实性、阶梯性、做中学、话题拓展、思维训练、学生主体性等,基于已有文本的教授,充分考量学生认知、情感态度、文化、语言、思维等方面的发展,充分体现话题语言的运用。所以,丰富活动类型、强化主题意识、搭建语言支架、增强监控意识是改进读后活动设计的基本思路;基于综合视野、阶段侧重的思想创设多样的输出活动、让学生用学过的语言做事,实施基于主题的教学,为高效输出提供支持,加强输出监控与评价(戴军熔等,2011:27-45),是改进读后活动实施的主要策略。

参考文献

[1] Bonwell C C, Eison J A. 1991. Active Learning: Creating Excitement in the Classroom: ASHE-ERIC Higher Education Report No. 1 [R]. Washington DC: School of Education and Human Development, George Washington University.

[2] Chien C W. 2013. Using Raphael's QARs as differentiated instruction with picture books [J]. English Teaching Forum, 3: 20-27.

[3] Chickering A W, Gamson Z F. 1987. Seven principles for good practice [J]. AAHE Bulletin, 39(7): 3-7.

[4] D'mello S. 2022. Active Learning: An effective metacognitive strategy for language Acquisition [J]. International Journal of English Language Teaching, 10(2): 45-52.

[5] Dickinson L. 1995. Autonomy and motivation: A literature review [J]. System, 23(2):173-174.

[6] Fillmore L W, Snow C E. 2018. What teachers need to know about language [C]. In Adger C T, Snow C E & Christian D (eds.), What Teachers Need to Know About Language (2nd edn.) [C]. Blue Ridge Summit, Pennsylvania: Multilingual Matters. pp. 8-51.

[7] Fisher D, Frey N. 2008. Better Learning Through Structured Teaching: A Framework for the Gradual Release of Responsibility [M]. Alexandria: ASCD.

[8] Foster P, Ohta A S. 2005. Negotiation for Meaning and Peer Assistance in Second Language Classrooms [J]. Applied Linguistics, 26(3): 402-430.

[9] Ginsburg M B. 2010. Improving educational quality through active-learning pedagogies: A comparison of five case studies [J]. Educational Research, 1 (3): 62-74.

[10] Holec H. 1981. Autonomy and Foreign Language Learning [M]. Oxford: Pergamon.

[11] Konishi H, Kanero J, Freeman M R, Golinkoff R M, Hirsh-Pasek K. (2014). Six principles of language development: Implications for second language learners [J]. Developmental Neuropsychology, 39(5), 404-420.

[12] Lake J, Holster T. 2014. Developing autonomous self-regulated readers in an extensive reading program [J]. Studies in Self-Access Learning Journal, 5(4): 394-403.

[13] Langer J A, Bartolome L, Vasquez O, Lucas T. 1990. Meaning construction in school literacy tasks: A study of bilingual students [J]. American Educational Research Journal, 27(3): 427-471.

[14] Lombardi D, Shipley T F, Astronomy Team, Biology Team, Chemistry Team, Engineering Team, Geography Team, Geoscience Team, Physics Team. 2021. The Curious Construct of Active Learning [J]. Psychological Science in the Public Interest, 22(1): 8-43.

[15] Long M H. 1985. Input and second language acquisition theory [C]. In Gass S, Madden C(eds.): Input and Second Language Acquisition [C]. Rowley, MA: Newbury House. pp. 268-286.

[16] Long M H. 1996. The role of the linguistic environment in second language acquisition [C]. In Ritchie W C, Bhatia T K(eds.). Handbook of research on Language Acquisition: Second language acquisition, Vol. 2 [M]. New York: Academic Press. pp. 413-468.

[17] Marilyn K. 2001. The Primary Program: Growing and Learning in the Heartland (2nd edn.) [M]. Lincoln, NE: Nebraska Department of

Education.

[18] Mason L, Scirica F, Salvi L. 2006. Effects of beliefs about meaning construction and task instructions on interpretation of narrative text [J]. Contemporary Educational Psychology, 31(4): 411-437.

[19] Meyer B, Haywood N, Sachdev D, Faraday S. 2008. What is independent learning and what are the benefits for students [J]. Department for Children, Schools and Families Research Report, 51: 1-6.

[20] Nuttall C. 1996. Teaching Reading Skills in a Foreign Language[M]. Oxford: Oxford University Press.

[21] Radden G, Köpcke K, Berg T, Siemund P. 2007. Introduction: The construction of meaning in language [C]. In Radden G, Köpcke K, Berg T, Siemund P(eds.). Aspects of Meaning Construction [C]. Amsterdam, The Netherlands: John Benjamins.

[22] Raphael T E, Au K H. 2005. QAR: Enhancing comprehension and test taking across grades and content areas [J]. The Reading Teacher, 59(3), 206-221.

[23] Raphael T E, Pearson P D. 1985. Increasing students' awareness of sources of information for answering questions [J]. American Educational Research Journal, 22 (2): 217-235.

[24] Requejo M D P. 2007. The role of context in word meaning construction: A case study [J]. International Journal of English Studies, 7 (1): 169-179.

[25] Rosenblatt L M. 1994. The Reader, the Text, the Poem: The Transactional Theory of the Literary Work [M]. Carbondale, IL: Southern Illinois University Press.

[26] Salas S, Mraz M, Green S, Williams B K. 2024. The Line between Questions, Responses, and Readers [J]. English Teaching Forum. (1): 16-24.

[27] Skehan P. 1998. A Cognitive Approach to Language Learning [M]. Oxford, UK: Oxford University Press.

[28] Snow C E. 2002. Reading for Understanding: Toward a Research and Development Program in Reading Comprehension [M]. Santa Monica,

CA：RAND.

[29] Van Lier L. 2000. From input to affordance：Social-interactive learning from an ecological perspective［A］. In Lantolf J P（ed.）. Sociocultural Theory and Second Language Learning［C］. Oxford：Oxford University Press. pp. 245-259.

[30] 陈永芳,龚晓灵,陈小燕,孙志成. 2013. 英语阅读教学中的策略培养:体验与提升[M]. 杭州:浙江大学出版社.

[31] 蔡红. 2024. 主动学习视域下英语阅读课堂教师角色的实现路径［J］. 教学月刊·中学版(外语教学),5:25-30.

[32] 戴军熔,郑春红,朱雯,吴璇. 2011. 英语阅读教学中的读后活动:设计与实施[M]. 杭州:浙江大学出版社.

[33] 丁立芸. 2024. 促进学生主动回应,优化英语阅读教学[J].教学月刊·中学版(外语教学),(7/8):35-39.

[34] 葛炳芳. 2011. 英语教师的专业成长:阅读教研与行动改进［M］. 杭州:浙江大学出版社.

[35] 葛炳芳. 2013. 英语阅读教学的综合视野:内容、思维和语言［M］. 杭州:浙江大学出版社.

[36] 葛炳芳. 2015. 英语阅读教学的综合视野:理论与实践［M］. 杭州:浙江大学出版社.

[37] 葛炳芳. 2021. 实践课标理念,培养英语自主阅读能力:基于浙江省2021年高中英语教学活动评审的思考［J］. 教学月刊·中学版(外语教学),(10)：3-6.

[38] 葛炳芳. 2023. 回归课堂:以自主学习撬动英语课堂教学改进[J]. 教学月刊·中学版(外语教学),(1/2):3-9.

[39] 葛炳芳.2024. 促进学生主动学习的英语阅读教学:内涵、活动设计要点及思考［J］. 教学月刊·中学版(外语教学),(Z1)：51-57.

[40] 葛炳芳,等. 2017. 英语阅读课堂教学:阅读素养与综合视野［M］. 北京:外语教学与研究出版社.

[41] 贵丽萍,黄建英,周勇,林妮. 2011. 英语阅读教学中的思维活动:评判性阅读视角[M]. 杭州:浙江大学出版社.

[42] 赖朝晖,刘晓燕,赖轶璇,叶未翔. 2013. 英语阅读教学中的语言处理:感知与运用[M]. 杭州:浙江大学出版社.

[43] 梁美珍,黄海丽,於晨,陈一军. 2013. 英语阅读教学中的问题设计:评判性阅读视角[M]. 杭州:浙江大学出版社.

[44] 马瑾辰. 2022. 基于综合视野的自主阅读课堂教学基本特征[J]. 中小学英语教学与研究,(5):10-14.

[45] 潘云梅,黄剑茹,段湘萍,金敏子,宋丽珍. 2011. 英语阅读教学中的词汇教学:循环与提升[M]. 杭州:浙江大学出版社.

[46] 钱剑英,杨新辉,徐钰,张弘,汪丹. 2015. 英语阅读教学中的信息加工:提取与整合[M]. 杭州:浙江大学出版社.

[47] 宋颖超. 2024. 主动学习视域下学生英语阅读自主提问能力的培养策略[J]. 教学月刊·中学版(外语教学),1/2:58-64.

[48] 苏克银. 2024. 高中英语阅读中结构化自主提问能力的培育策略[J]. 中小学英语教学与研究,(5):43-48.

[49] 王蔷,陈则航. 2016. 中国中小学生英语分组阅读标准(实验稿). 北京:外语教学与研究出版社.

[50] 王秋红,周俊婵,陈璐,劳秀清,张东升. 2015. 英语阅读教学中的语言处理:理解与赏析[M]. 杭州:浙江大学出版社.

[51] 徐钰. 2024. 社会支持理论视域下促进学生主动参与阅读课堂活动的支持策略探究[J]. 教学月刊·中学版(外语教学),(3):31-37.

[52] 翁雨昕. 2024. 高中英语阅读教学中基于自主提问培养主动学习能力的路径[J]. 教学月刊·中学版(外语教学),9:70-76.

[53] 姚旭辉,周萍,陈缨,沈琴芳,万顷. 2013. 英语阅读教学中的读写整合:铺垫与输出[M]. 杭州:浙江大学出版社.

[54] 叶恩理,翁颖卿,汪润,黄晓燕,叶微. 2015. 英语阅读教学中的目标定位:综合视野视角[M]. 杭州:浙江大学出版社.

[55] 印佳欢. 2024. 主动学习视阈下英语阅读课堂中的意义建构[J]. 中小学外语教学,47(1):53-59.

[56] 张成年,金毅,王燕,郑园. 2015. 英语阅读教学中的评判性思维:阐释与评鉴[M]. 杭州:浙江大学出版社.

[57] 张楠翕. 2023. 英语自主阅读能力培养中的教师角色认知[J]. 教学月刊·中学版(外语教学),(6):30-35.

[58] 中华人民共和国教育部. 2018. 普通高中英语课程标准(2017年版)[S]. 北京:人民教育出版社.

[59] 中华人民共和国教育部. 2020. 普通高中英语课程标准(2017 年版 2020 年修订)[S]. 北京:人民教育出版社.

[60] 庄志琳,沈萃萃,唐明霞,徐义娟. 2011. 英语阅读教学中的材料处理:解读与使用[M]. 杭州:浙江大学出版社.